글 고희정

이화여자대학교에서 과학 교육을 전공하고 석사 학위를 받았습니다.
중고등학교와 대학교에서 과학을 가르쳤고, 방송 작가로 일하며 《딩동댕 유치원》,
《방귀대장 뿡뿡이》, 《생방송 톡톡 보니하니》, 《뽀뽀뽀》, 《꼬마요리사》, EBS 다큐프라임
《자본주의》, 《부모》, 《인문학 특강》 등의 프로그램을 만들었습니다. 지은 책으로
《어린이 과학 형사대 CSI》, 《어린이 사회 형사대 CSI》, 《의사 어벤저스》,
《신통하고 묘한 고양이 탐정》, 《육아 불변의 법칙》, 《훈육 불변의 법칙》 등이 있습니다.

그림 최미란

서울시립대학교에서 산업디자인을, 같은 학교 대학원에서 일러스트레이션을
공부했습니다. 특유의 집중력으로 여러 어린이책에 개성 강한 그림을 그렸습니다.
그린 책으로 《글자동물원》, 《탁구장의 사회생활》, 《귀신 학교》, 《슈퍼맨과 중력》,
《독수리의 오시오 고민 상담소》, 《초능력》, 《삼백이의 칠일장》, 《이야기 귀신이 와르릉
와르릉》, 《슈퍼 히어로의 똥 닦는 법》, 《겁보 만보》, 《무적 말숙》, 《백점 백곰》 등이,
쓰고 그린 책으로 《집, 잘 가꾸는 법》, 《우리는 집지킴이야!》가 있습니다.

감수 신주영

서울대학교 법대를 졸업하고 사법 시험에 합격해 현재 법무 법인 대화 소속
변호사입니다. 어렸을 때 책을 읽으며 느끼는 행복감이 커서 작가가 되고 싶다는 꿈이
있었는데 변호사 10년 차에 법정 경험담을 소재로 《법정의 고수》를 출간하면서
작가로도 활동하고 있습니다. 《세빈아, 오늘은 어떤 법을 만났니?》, 《헌법 수업》,
《옛이야기로 만나는 법 이야기》, 《질문하는 법 사전》, 《우리가 꼭 알아야 할 법 이야기》,
《대혼돈의 사이버 세상 속 나를 지키는 법》 등 법률가로서의 경험을 살려 법을 매개로
사람과 사회를 들여다보는 책들을 썼습니다.

변호사 어벤저스

⑧ 사이버 범죄, 숨은 범인을 찾아라!

초판 1쇄 발행 2025년 8월 4일
초판 2쇄 발행 2025년 12월 1일

지은이 고희정
그린이 최미란
감　수 신주영

펴낸이 김남전

편집장 유다형 | 기획·책임편집 임형진 | 편집 이경은 김성윤 김선경 | 디자인 권석연
마케팅 정상원 한웅 정용민 김건우 | 경영관리 김경미

펴낸곳 ㈜가나문화콘텐츠 | 출판 등록 2002년 2월 15일 제10-2308호
주소 경기도 고양시 덕양구 호원길 3-2
전화 02-717-5494(편집부) 02-332-7755(관리부) | 팩스 02-324-9944
홈페이지 ganapub.com | 인스타그램 instagram.com/ganapub1
페이스북 facebook.com/ganapub1

ISBN 979-11-6809-129-0 (74810)
　　　979-11-6809-121-4 (세트)

ⓒ 2025, 고희정 최미란 임형진

※ 책값은 뒤표지에 표시되어 있습니다.
※ 이 책의 내용을 재사용하려면 반드시 저작권자와 ㈜가나문화콘텐츠의 동의를 얻어야 합니다.
※ 잘못된 책은 구입하신 서점에서 바꾸어 드립니다.
※ '가나출판사'는 ㈜가나문화콘텐츠의 출판 브랜드입니다.

・제조자명: ㈜가나문화콘텐츠
・주소 및 전화번호: 경기도 고양시 덕양구 호원길 3-2 / 02-717-5494
・제조연월: 2025년 12월
・제조국명: 대한민국
・사용연령: 4세 이상 어린이 제품

가나출판사는 당신의 소중한 투고 원고를 기다립니다. 책 출간에 대한 기획이나 원고가 있으신 분은
이메일 ganapub@naver.com으로 보내 주세요.

변호사 어벤저스

⑧ 사이버 범죄, 숨은 범인을 찾아라!

글 고희정 ✦ 그림 최미란 ✦ 감수 신주영

전범을 단죄한 뉘른베르크 재판 ... 20
사이버 폭력 ... 22   사이버불링 ... 28
정보 통신망법 ... 32   정보 ... 34

딥페이크 ... 42   인공 지능 재판이 가능할까? ... 44
해킹 ... 48   아동·청소년 성 보호에 관한 법률 ... 54   모욕죄 ... 56

사이버 폭력에서 벗어나는 방법 ... 72   일반법, 특별법 ... 76
보이스 피싱 ... 84   재산 ... 86   방조죄 ... 92

보이스 피싱 범죄 예방법 ... 100

무역 ... 104   현행범 ... 108

수갑 ... 114   세금 ... 120

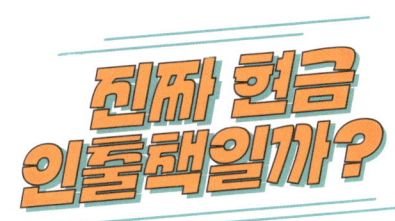

보호 무역 ... 128   어린이도 세금을 낼까? ... 132

비둘기 먹이 주기 금지법 ... 134

주민 등록 번호로 성별을 알 수 있다? ... 138

세계 최초의 AI 변호사 로스 ... 148

사이버 폭력을 당하다!

사이버 폭력을 당하다!

"리아야, 퇴근하고 시간 돼?"

양미수가 권리아에게 물었다.

양미수는 자신이 오랫동안 좋아했던 이범이 권리아를 좋아하고 있다는 사실을 알게 된 후, 권리아에게 싸늘하게 굴었다. 하지만 이범이 공황 장애를 앓고 있다는 것을 알게 되고, 이범에게 필요한 사람은 권리아라는 생각이 들었다. 그래서 오랜 고민 끝에 결국 권리아에게 사실을 말하기로 결심한 것이다.

"그럼, 당연히 되지."

권리아가 대답하며 생각했다.

'드디어 말하려나 보네.'

권리아와 양미수는 어린이 변호사 양성 프로젝트 2기 동기로, 로스쿨에 다닐 때부터 제일 친한 친구였다. 그런데 양미수가 갑자기 자신에게 말도 안 하고 서먹하게 굴자, 권리아는 그

이유를 몰라 답답했다. 하지만 양미수가 마음이 정리될 때까지 기다려 달라고 부탁해서 꾹 참고 기다리고 있었다.

퇴근 후, 양미수와 권리아는 사무실 앞 공원으로 갔다. 양미수가 드디어 입을 열었다.

"사실 이범 선배가 너 좋아해."

권리아가 양미수의 말을 바로 이해하지 못하고 물었다.

"선배가 나를 좋아한다니, 그게 무슨 말이야?"

생각지도 못한 말이었기 때문이다. 양미수가 담담한 목소리로 대답했다.

"선배가 너 좋아한다고. 아마 학교 다닐 때부터 좋아했던 것 같아."

"……."

권리아는 충격을 받은 듯 양미수를 빤히 쳐다보더니, 눈을 동그랗게 뜨며 물었다.

"정말이야?"

"응, 확실해."

양미수의 대답에 권리아는 못 믿겠다는 듯 손을 내저었다.

"에이, 말도 안 돼."

"진짜야. 선배는 늘 너만 보고 있더라고."

양미수의 말에 권리아의 표정이 굳어졌다.

"그래? 난 전혀 몰랐어……."
"알아. 나는 전부터 눈치채고 있었어. 확실히 알게 된 건 최선배랑 저녁 먹은 날이었지만. 그때는 내가 너무 당황스럽고 속상해서 어떻게 해야 할지 모르겠더라고. 그래서 너한테 못되게 굴었어. 미안해."

양미수가 사과하자, 권리아는 고개를 끄덕였다.

"그런 거였구나!"

그러더니 이내 서운한 표정으로 말했다.

"네 마음은 이해하는데, 그래도 나한테는 솔직히 얘기했어야지. 우린 친구인데."

양미수가 다시 한번 사과했다.

"미안해. 나도 그러고 싶었는데, 그게 잘 안 됐어."

양미수의 진심 어린 사과에 권리아는 서운한 마음이 풀어졌다. 그러고 나니, 충격을 받았을 양미수가 걱정됐다. 양미수가 이범을 얼마나 좋아하는지 알고 있기 때문이다.

"이제는 괜찮은 거야?"

권리아의 물음에 양미수는 옅은 미소를 띠며 대답했다.

"응, 선배한테 필요한 사람은 너인데, 내가 괜히 미련을 못 버리고 있었더라고."

권리아가 의아한 표정으로 물었다.

"그건 또 무슨 소리야?"

양미수가 설명했다.

"선배가 아프니까, 네가 힘이 되어 주면 좋잖아. 그런데 선배 성격상, 너한테 쉽게 고백하지 않을 것 같아서, 그래서 너한테 말해 줘야겠다고 생각했어."

"아…….."

권리아가 잠시 생각하더니, 단호한 표정으로 물었다.

"그런데 미수야, 내 마음은? 나도 내 마음대로 누군가를 좋아할 권리가 있잖아."

권리아의 별명은 '또또권리'다. 이름에 권리가 들어가서 그런지, 시도 때도 없이 권리라는 말을 붙이기 때문이다. 양미수는 그제야 자신이 무엇을 생각하지 못했는지 알았다.

"아, 그래, 네 마음! 당연히 네 마음대로 좋아할 권리가 있지. 그런데 너도 선배를 좋아하는 거 아니었어?"

양미수의 물음에 권리아가 어이없는 표정으로 대답했다.

"아니, 나는 다른 사람을 좋아하는데."

양미수는 떡볶이를 먹으러 갔을 때, 유정의와 권리아, 둘의 사이가 이전과 좀 달라 보였던 일이 생각났다.

양미수가 조심스레 물었다.

"혹시…… 정의야?"

권리아가 화들짝 놀라며 물었다.

"헉! 어떻게 알았어?"

"그냥 둘 사이가 좀 달라 보여서……. 혹시 둘이 사귀어?"

양미수가 묻자, 권리아가 손사래를 치며 부인했다.

"아니야. 정의는 몰라, 내가 자기 좋아하는지. 그리고 그런 마음이 생긴 지도 얼마 안 됐어."

그러더니 부끄러운지 얼굴이 빨개지며 부탁했다.

"정의한테 말하면 안 돼. 알았지?"

양미수가 고개를 끄덕이며 대답했다.

"당연하지. 그런데 정의도 너 좋아하는 것 같던데. 너 엄청 챙겨 주잖아."

"그건 정의가 매너가 좋아서 그런 거지. 너한테도 잘해 주잖아."

권리아의 말에 양미수가 확신에 찬 목소리로 말했다.

"아니야, 내가 느끼기에는 너한테 마음이 있는 것 같아."

그러나 권리아는 고개를 갸웃하더니, 억울해하며 말했다.

"여하튼 내가 선배를 좋아했다면 벌써 네게 말했겠지. 네가 좋아하는 거 뻔히 알면서 입 꾹 다물고 있었겠냐."

양미수가 미안해하며 말했다.

"미안, 내가 잘못 생각했어."

권리아가 단호한 표정으로 말했다.

"나한테 이범 선배는 존경하는 선배이자, 네가 좋아하는 선배야. 그러니까 앞으로는 쓸데없는 생각, 쓸데없는 말은 하지 마셔."

"그래, 절대 안 그럴게. 약속!"

양미수가 새끼손가락을 내밀자, 권리아가 손가락을 걸며 다시 다짐했다.

"그리고 이제부터는 진짜 비밀 없기?"

"비밀 없기! 헤헤."

양미수가 웃자, 권리아도 웃으며 말했다.

"아유, 정말 이 원수!"

그렇게 권리아와 양미수는 서로의 마음을 이해하고 화해했다.

그런데 다음 날이었다. 권리아가 사무실에 출근하는데, 먼저 온 유정의가 반겼다.

"왔어?"

그러자 권리아가 화들짝 놀라며 인사했다.

"어? 어, 어…… 안녕?"

그 모습이 얼마나 어색하던지. 유정의가 의아한 표정으로 물었다.

"왜 그래?"

권리아가 얼굴이 빨개지더니, 황급히 자기 방으로 들어가며 말했다.

"아, 아니야."

권리아의 어색한 행동에, 유정의가 옆에 있던 하소연 사무장에게 물었다.

"권 변호사, 왜 그래요?"

하 사무장이 모르겠다는 듯 고개를 갸웃했다.

"글쎄요."

그런데 권리아는 이범에게도 이상하게 행동했다. 회의가 시작될 시간이라 권리아가 회의실 문을 열고 들어가려는데, 이범이 먼저 와서 앉아 있는 것이 아닌가.

"헉!"

권리아가 깜짝 놀라더니, 인사도 안 하고 다시 문을 닫고 나가 버린 것이다.

'왜 그러지?'

이범도 권리아의 행동이 의아했다. 그런데 양미수가 회의실에 들어가려다 도로 나오는 권리아를 보고 물었다.

"왜? 안 들어가?"

권리아는 난처한 표정으로 말끝을 흐렸다.

"아니, 그게……."

그러더니 갑자기 양미수의 팔을 잡아끌었다.

"잠깐 와 봐."

권리아는 양미수를 휴게실로 데리고 들어가더니, 온몸을 배배 꼬며 말했다.

"나, 어떡해. 선배도, 정의도 어색해서 못 보겠어."

어제 양미수로부터 이범과 유정의가 자신을 좋아한다는 말을 듣고 나니, 둘의 얼굴을 보기가 민망한 것이다. 권리아의 말에 양미수가 웃음을 터뜨렸다.

"푸하하! 그래서 도로 나온 거야?"

권리아가 심각한 표정을 지으며 말했다.

"웃을 일이 아니야. 진짜 어떻게 해야 할지 모르겠단 말이야."

권리아는 이제껏 누군가를 좋아해 본 적이 없다. 또 누군가로부터 좋아한다는 말을 들어 본 적도 없다. 그런데 요즘 들어 갑자기 유정의가 멋있어 보이는 것이 아닌가. 맨날 붙어 다니면서도 서로 으르렁거리느라 정신이 없었는데, 갑자기 왜 그런 감정이 드는 것인지. 그때부터 권리아는 심정이 매우 복잡해졌다. 그런데 이범이 자신을 좋아한다는 말까지 들으니, 혼란스러운 마음에 어쩔 줄 모르는 것이다.

양미수가 당연하다는 듯 말했다.

"그냥 아무것도 몰랐던 때처럼 해, 자연스럽게."

"자연스럽게? 그래, 자연스럽게 해야지, 자연스럽게."

권리아는 스스로에게 되뇌며 마음을 진정시켰다. 그리고 마치 전쟁에라도 나가는 것처럼 눈에 힘을 주고, 주먹을 불끈 쥐며 말했다.

"권리아, 할 수 있다!"

양미수가 권리아의 어깨를 두드리며 격려했다.

"할 수 있다!"

과연 권리아는 티 안 내고 자연스럽게 행동할 수 있을까?

모두 모이고 회의가 시작되자, 고 변호사가 말했다.

"잠시 후에 의뢰인이 올 겁니다."

유정의가 물었다.

"어떤 사건인가요?"

고 변호사가 대답했다.

"사이버 폭력 사건이에요."

사이버 폭력이란, 사이버 공간에서 타인에게 불쾌감

전쟁 / 사이버 폭력

을 주며 괴롭히는 따돌림, 언어 폭력, 명예 훼손, 스토킹, 갈취, 강요 등의 행위를 말한다. 요즘에는 어린아이들도 대부분 휴대 전화를 갖고 있기 때문에 아이들 사이에서도 사이버 폭력이 많이 발생한다.

고 변호사가 소개했다.

"피해자는 초등학교 6학년 오아린이고, 아린이의 어머님 성주연 씨가 의뢰하신 사건입니다."

이범이 물었다.

"가해자는 학교 친구들인가요?"

"네, 같은 반 친구 세 명이라고 합니다."

고 변호사가 말을 마치자마자, 노크 소리가 들렸다. 의뢰인이 온 것이다.

"들어오세요."

고 변호사가 대답하자, 하 사무장이 의뢰인과 함께 들어와 소개했다.

"아린이랑 아린 어머님 오셨어요."

"어서 오세요."

"안녕하세요?"

서로 인사를 주고받는데, 아린이는 잔뜩 겁먹은 표정이었다. 변호사 사무실을 처음 왔으니 낯선 것이다.

전범을 단죄한 뉘른베르크 재판

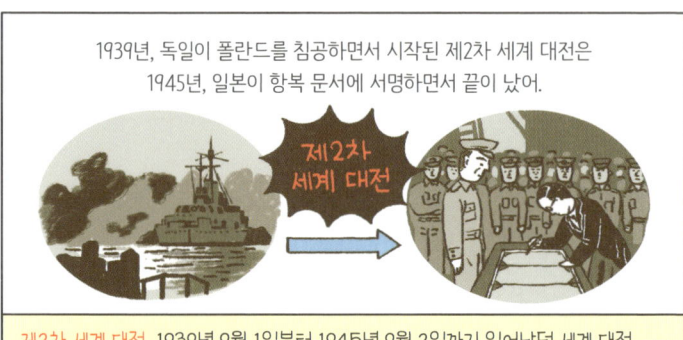

1939년, 독일이 폴란드를 침공하면서 시작된 제2차 세계 대전은 1945년, 일본이 항복 문서에 서명하면서 끝이 났어.

제2차 세계 대전 1939년 9월 1일부터 1945년 9월 2일까지 일어났던 세계 대전

30개국 이상의 국가에서 1억 명이 넘는 군인들이 참전했고, 약 5,500만 명의 사망자가 발생한 끔찍한 전쟁이었지.

전쟁이 끝나자, 1945년 11월 20일, 독일의 뉘른베르크에서는 역사적인 재판이 시작됐어.

세계 최초의 국제 군사 재판이다.

사이버 폭력

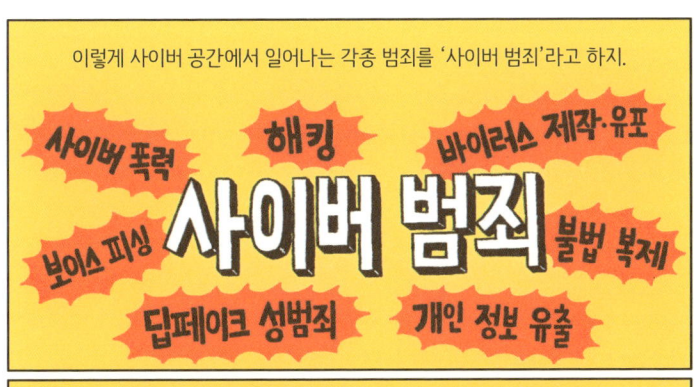

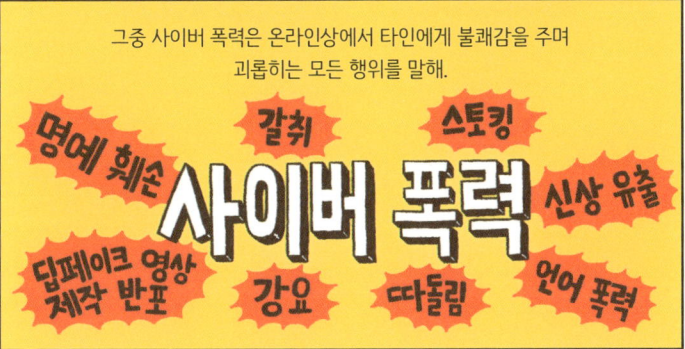

온라인상에서 타인에게 불쾌감을 주며 괴롭히는 행위

아린이와 아린 엄마가 자리에 앉자, 고 변호사가 말했다.

"사이버 폭력을 당했다고 들었는데, 어떻게 된 일인지 구체적인 설명을 부탁드립니다."

아린 엄마가 설명을 시작했다.

"올해 초에 아린 아빠가 회사를 옮기면서 아린이가 지금 다니는 학교로 전학을 오게 됐어요. 아린이가 사교성이 좀 부족해서 친구 사귀는 데 시간이 걸리거든요. 잘 적응할 수 있을까 걱정했는데, 친구들이 잘해 준다면서 좋아하더라고요. 그래서 다행이라 생각했는데, 아이들이 점점 본색을 드러낸 거죠."

아린이의 반에는 반 전체의 분위기를 주도하는 세 명의 아이들, 허인수, 고성준, 박정아가 있단다. 그 아이들이 먼저 아린이에게 접근하며 잘 챙겨 주면서 친해졌고, 함께 인스턴트 메신저 샌드톡에 대화방을 만들었다는 것이다.

"처음에는 장난치듯 이모티콘을 사 달라고 하거나 기프티콘을 보내 달라고 했대요. 아린이 입장에서는 사귄 지 얼마 안 된 친구들이니까 거절하기 어려워서 몇 번 보냈답니다. 그러다 횟수가 점점 늘면서, 제가 알게 된 거죠."

아린 엄마의 말에 이범이 설명했다.

"상대방이 줄 마음이 없는데 억지로 이모티콘을 사 달라고 하거나, 기프티콘을 보내라고 하는 행위는 사이버 갈취 및 강

요에 해당되므로,「형법」상 강요죄로 처벌받을 수 있습니다."

갈취는 남의 것을 강제로 빼앗는 것이고, 강요는 억지로 또는 강제로 요구하는 것이다. 아이들 사이에서는 돈을 주지 않고 빵을 사 오라고 강요하거나, 대화방 같은 곳에서 기프티콘을 달라고 강요하는 등의 학교 폭력 행위가 종종 일어나고 있다. 그러한 행위를 '오가다', '왕복하다'는 뜻의 영어인 '셔틀'을 붙여서 '빵 셔틀', '기프티콘 셔틀' 등의 말로 부르기도 한다.

아린 엄마가 기막힌 표정으로 말했다.

"그러니까요. 어린아이들이 어떻게 그런 짓을 하는지⋯⋯. 그때까지만 해도 저는 아린이가 쓴 것인 줄 알았어요. 그래서 혼을 내고, 소액 결제를 하지 못하게 막아 버렸죠. 그러자 대화방에서 따돌림이 시작된 거예요."

권리아가 아린이에게 물었다.

"어떤 식으로 따돌렸나요?"

아린이가 속상한 표정으로 대답했다.

"제가 엄마한테 들켜서 혼났다, 그래서 이제 못 보내 준다고 했거든요. 그랬더니 바보라고 하고, 엄마한테 말하면 가만 안 두겠다고 했어요. 그리고 저만 남겨 두고 대화방을 나가 버리는 거예요. 그러더니 다시 초대하고, 제가 들어가면 다시 또 나가고, 계속 그랬어요."

유정의가 어이없는 표정으로 말했다.

"전형적인 사이버불링이네요."

사이버불링이란, 가상 공간을 뜻하는 '사이버(Cyber)'와 약자를 괴롭힌다는 뜻의 '불링(Bullying)'을 합성한 말이다. 이메일, 휴대 전화, SNS 등 사이버상에서 특정인을 집단적으로 따돌리거나 집요하게 괴롭히는 행위를 말한다. 요즘 학생들 사이에서 빈번하게 일어나는 사이버 폭력의 한 형태이다.

그러자 아린 엄마가 말했다.

"저도 아린이를 혼내고 나니, 좀 이상했어요. 그래서 아린이의 모습을 유심히 살펴봤는데, 아린이가 휴대 전화를 손에서 놓지 못하는 거예요. 또 알람이 울리면 안절부절못하고요. 뭔가 있다 싶어서 아린이에게 물어봤더니, 그 일을 당하고 있었더라고요."

"학교에는 말씀하셨어요?"

양미수의 질문에 아린 엄마가 대답했다.

"당연히 했죠. 대화방에서 주고받은 메시지를 다 캡처하고, 곧바로 담임 선생님께 말씀드렸어요."

이번에는 고 변호사가 물었다.

"가해자들이 사과하던가요?"

아린 엄마가 기막힌 표정으로 말했다.

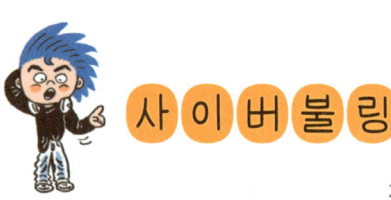

"아니요, 장난친 거라고 우기더라고요. 게다가 이 아이들이 보통이 아닌 게, 학교에서는 아린이를 티 나게 왕따 시키지 않았더라고요. 그러니 반 친구들도, 선생님도 아린이가 당한 걸 전혀 모르고 있었어요."

아린 엄마는 가해자들이 사과하고 다시는 안 그러겠다고 하면, 그냥 넘어가려고 했었단다. 그러나 끝까지 장난이라고 우기는 아이들을 보고 안 되겠다 싶어서 학교에 학교 폭력 대책 심의 위원회를 열어 달라고 요청했다는 것이다.

"어떤 결과가 나왔나요?"

이범의 물음에 아린 엄마가 대답했다.

"명확한 증거가 있으니까 사이버 폭력으로 인정을 받았고, 가해 아이들은 1호 서면 사과와 2호 접촉, 협박 및 보복 행위 금지 처분을 받았어요."

고 변호사가 고개를 갸웃하며 물었다.

"그럼 잘 해결된 거 아닌가요?"

아린 엄마가 한숨을 푹 쉬더니 대답했다.

"아니요, 그때부터가 더 문제였어요. 학교에 소문이 퍼지자, 아이들의 엄마들이 저와 아린이를 욕하고 다녔어요. 아이들이 장난 좀 친 것 가지고 유별나게 군다고요. 또 아이들도 아린이를 대놓고 따돌리기 시작한 거예요."

사이버불링

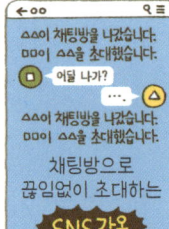
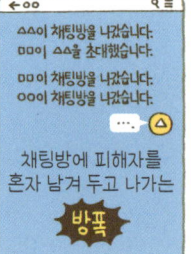

온라인 공간에서의 집단 괴롭힘

"학교 폭력 처분을 받고도 전혀 반성하지 않았네요."

권리아가 기막혀하며 말하자, 아린 엄마가 억울한 표정으로 말했다.

"네, 그러다 보니, 아린이가 점점 학교에 가기 힘들어했어요. 심리적으로도 매우 불안해하고요. 그래서 생각해 보니까 너무 억울한 거예요. 피해자는 이렇게 힘든데, 가해자들은 아무렇지도 않게 학교도 잘 다니고 있잖아요. 아이들의 엄마들도 너무 뻔뻔하고요. 그래서 그냥 넘어갈 수 없다는 생각이 든 거예요."

"경찰에 고소하시겠다는 건가요?"

고 변호사의 질문에 아린 엄마가 대답했다.

"그렇습니다. 그래야 가해 아이들도 자신들의 행동이 얼마나 나쁜 것인지 깨닫고 조심하지 않겠어요?"

그러자 이범이 설명했다.

"사이버불링과 같은 학교 폭력은 「정보 통신망 이용 촉진 및 정보 보호 등에 관한 법률」에 의해 처벌을 받습니다."

「정보 통신망 이용 촉진 및 정보 보호 등에 관한 법률」은 줄여서 「정보 통신망법」이라고 한다. 인터넷과 SNS가 급속도로 보급되면서 사이버상에서 각종 범죄가 급격하게 늘어나자, 정보 통신망, 즉 컴퓨터 시스템을 이용해 벌이는 범죄

정보 통신망법

에 관한 처벌을 규정하기 위해 만든 법률이다.

「정보 통신망법」 제44조의 7, 제1항의 3에 의하면, 공포심이나 불안감을 유발하는 부호, 문언, 음향, 화상 또는 영상을 반복적으로 상대방에게 도달하도록 하는 내용의 정보를 유통해서는 안 된다고 되어 있다.

이범이 계속 설명했다.

"이 법에 의하면, 사이버 폭력의 경우, 1년 이하의 징역 또는 1,000만 원 이하의 벌금에 처한다고 되어 있습니다. 또 아까 말씀드렸듯이 이모티콘이나 기프티콘을 달라고 강요한 것은 강요죄로 처벌받을 수 있습니다. 그런데 문제는 가해 아이들이 만 14세 미만의 촉법소년이라는 겁니다."

아린 엄마가 물었다.

"촉법소년이면 벌을 적게 받게 되나요?"

고 변호사가 이어서 말했다.

"촉법소년의 경우에는 죄를 벌하기보다는 교정에 더 초점이 맞춰져 있습니다. 그래서 1호부터 10호까지의 처분을 받을 수 있는데, 이 사건의 경우는 1호, 보호자 또는 보호자를 대신하여 소년을 보호할 수 있는 자에게 감호 위탁을 하는 처분 정도가 나올 것으로 예상됩니다."

아린 엄마가 어이없는 표정으로 되물었다.

나쁜 영향을 미치는 유해 매체로부터
청소년을 보호하기 위한 법 조항이 있고,

제42조(청소년 유해 매체물의 표시)

이 정보 내용은 청소년 유해 매체물로서 정보 통신망 이용 촉진 및 정보 보호 등에 관한 법률 및 청소년 보호법의 규정에 의하여 19세 미만의 청소년이 이용할 수 없습니다.

제42조의 2(청소년 유해 매체물의 광고 금지)

이용자의 정보를 보호하기 위해 접근
권한을 부여하고, 악성 프로그램 등의
침해 행위를 금지한다고 되어 있어.

회원 로그인

아이디
비밀번호   로그인

비회원 성인 인증

○ IPIN 인증   ○ 휴대폰 인증

제47조의 4 (이용자의 정보 보호)

또 명예 훼손이나 따돌림 등 사이버 폭력 행위를 해서는
안 된다고 명시되어 있지.

제44조의 7(불법 정보의 유통 금지 등)

① 누구든지 정보 통신망을 통해 다음 각 호의 어느 하나에
해당하는 정보를 유통해서는 아니 된다.

1. 음란한 부호·문언·음향·화상 또는 영상을 배포·판매·
임대하거나 공공연하게 전시하는 내용의 정보

2. 사람을 비방할 목적으로 공공연하게 사실이나
거짓의 사실을 드러내어 타인의 명예를 훼손하는
내용의 정보

3. 공포심이나 불안감을 유발하는 부호·문언·음향·
화상 또는 영상을 반복적으로 상대방에게 도달하도록
하는 내용의 정보

건전하고 안전한 정보 통신망을 만들기 위해 제정된 법률

여러 가지 사실이나 자료를 이용해 목적에 맞게 정리된 것

"아이들이 계속 아린이를 따돌린 증거가 있는데도요? 그래도 그 정도밖에 안 나온다는 말씀이에요?"

고 변호사가 대답했다.

"그럴 확률이 큽니다. 물론 경찰에 고소를 하면, 정신적인 충격이 크기 때문에 가해 아이들과 부모들에게 경종을 울리는 계기가 되겠지만, 아린이가 학교생활을 하는 데 도움이 될지는 잘 모르겠습니다."

"아, 네……."

아린 엄마는 실망한 기색이 역력했다.

고 변호사가 넌지시 의견을 말했다.

"그래서 좀 더 생각해 보시고 진행하시는 게 어떨까 합니다."

아이들이 아린이에게 학교 폭력을 가한 행위는 벌을 받아 마땅한 일이다. 하지만 경찰에 고소하는 문제는 파장이 크기 때문에 어떤 것이 더 아린이를 위한 일인지 심사숙고하라는 뜻이다.

아린 엄마가 고개를 끄덕였다.

"알겠습니다. 며칠 더 생각해 보고 말씀드리겠습니다."

아린이와 아린 엄마는 속상한 표정으로 돌아갔다. 양미수가 안타까워하며 말했다.

"아린이가 더 힘들어지는 건 아닐까 걱정이 되네요."

그러자 권리아가 목소리를 높였다.

"아직 어린아이들이니까 무조건 큰 벌로 다스릴 수는 없겠지만, 이렇게 솜방망이 처벌을 하는 것도 문제라고 생각해요. 결국 피해자만 손해 보는 거잖아요. 또 학교 폭력은 계속 늘어나고, 폭력의 수위도 점점 더 높아지고 있고요."

그러게 말이다. 어떻게 해야 학교 폭력이 근절될 수 있을지, 모두 함께 머리를 맞대고 의논해야 할 일이다.

딥페이크 합성 사진

딥페이크 합성 사진

그런데 다음 날 오후였다. 아린 엄마가 사색이 되어 변호사 사무실을 다시 찾아왔다.

모두 회의실에 모이자, 고 변호사가 물었다.

"고소하기로 결정하셨나요?"

며칠 생각해 보겠다고 하더니, 벌써 마음을 정했나 해서 물은 것이다. 아린 엄마가 기막힌 표정으로 휴대 전화에 저장된 사진을 보여 주었다.

"이 사진 좀 보세요."

갑자기 사진을 먼저 보여 주니, 고 변호사도 아이들도 의아했다. 그런데 고 변호사가 사진을 보더니, 눈이 동그래졌다.

"아린이예요?"

"네, 토크그램에서 찾은 거예요."

아린 엄마의 대답에 고 변호사의 표정이 심각해졌다. 고 변호사가 아린 엄마의 휴대 전화 속 사진을 아이들에게 보여 주었다. 아이들도 사진을 보고 깜짝 놀랐다.

"헉, 이게 뭐예요?"

"누가 이런 사진을!"

온몸에 진흙을 잔뜩 묻힌 돼지 얼굴에 아린이의 얼굴을 합성한 사진이었기 때문이다.

"한 장 더 있어요. 넘겨 보세요."

아린 엄마의 말에 사진을 넘겨 보니, 이번에는 서서 똥을 누고 있는 말 얼굴에 아린이의 얼굴을 합성한 사진이었다. 그리고 그 옆에는 '더러워', '똥 싸고 있네' 등의 조롱하는 글을 써 놓은 것이 아닌가.

유정의가 심각한 표정으로 말했다.

"딥페이크로 만든 거네요."

딥페이크란, 인공 지능 기술인 딥 러닝(Deep Learning)과 가짜를 의미하는 페이크(Fake)의 합성어로, 기존 사진이나 영상을 다른 사진이나 영상에 겹쳐서 실제처럼 만들어 내는 인공 지능 기반 이미지 합성 기술을 말한다.

권리아가 인터넷에서 본 뉴스를 떠올리고 말했다.

"딥페이크라면, 여성들의 사진으로 성 착취물을 만들고 유포한 사건으로 시끌벅적했던 적이 있지 않았나요?"

딥페이크

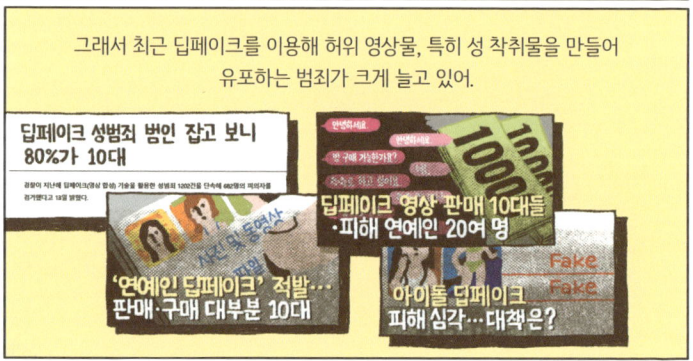

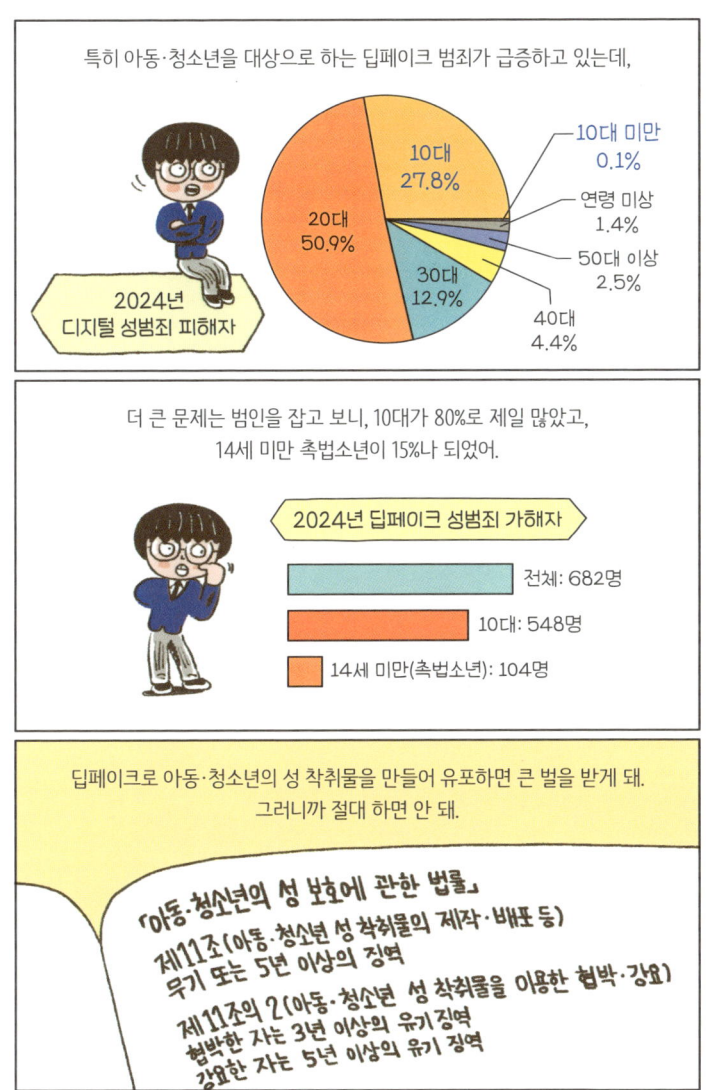

인공 지능을 기반으로 한 이미지 합성 기술

인공 지능 재판이 가능할까?

인공 지능은 인간의 지능이 가지는 학습, 추리, 적응, 논증 등의 기능을 갖춘 컴퓨터 시스템을 말해.

인공 지능
(AI, Artificial Intelligence)

최근에는 기존 콘텐츠를 활용해 유사한 콘텐츠를 새로 만들어 낼 수 있는 '생성형 AI' 기술이 크게 발전하고 있지.

Yu 심심해.

어머, 심심하시군요. 그럼 재미있는 퀴즈로 기분 전환을 해 볼까요?

인간의 창의력까지 가진 AI라고 할 수 있지.

그렇다면 인공 지능이 판사나 변호사가 하는 일을 대체할 수 있을까?

인공 지능은 데이터 처리 속도가 엄청나게 빨라서 방대한 양의 법조문과 판례, 사건 기록 등을 순식간에 분석할 수 있어.

또 이를 기반으로 판사를 위한 법률 정보를 제공하고, 판결문 작성을 보조할 수도 있지.

그래서 우리나라 사법부도 법관의 재판 업무를 보조하기 위한 목적으로, 자체 AI 모델을 개발하기 시작했어.

법원

사법부 전용 AI 개발 착수

김아람 기자, 홍지선 기자 2024-00-00

사법부 '리걸테크' 본격화 시동
법원에서 사용하는 많은 양의 자료 AI 구축
판사 재판 업무 보조로 진행 속도 보강

또 앞으로는 변호사처럼 소장, 고소장 같은 법률 문서 작성, 법률 조항에 대한 응답 등 재판을 도와주는 서비스도 가능해질 거야.

하지만 AI는 과거 데이터로 학습한 지식을 근거로 해서 확률적인 답변을 하기 때문에 아직은 해결해야 할 여러 문제점이 있어.

AI 재판의 문제점

① 선례가 없는 사건은 처리하기 어렵다.
② 시대의 변화에 맞춰 판결하기 어렵다.
③ 오작동, 해킹 등으로 잘못된 판결을 내릴 수 있다.
④ 개인의 구체적인 사정을 살피지 못한다.

아직은 재판을 보조하는 일 정도만 가능하다.

양미수도 뉴스에서 본 것을 생각하고 말했다.

"저도 봤어요. 그런데 범인을 잡고 보니, 그중 상당수가 초등학생이었다고 해서 깜짝 놀랐던 기억이 있어요."

유정의가 설명했다.

"맞아요, 딥페이크를 이용하면 누구나 손쉽게 합성 이미지를 만들 수 있어요. 초등학생들도 금방 만들 수 있을 정도죠. 또 결과물이 진짜인지 가짜인지 확인하기 어려울 정도로 감쪽같다는 것이 장점이에요. 그런데 이를 악용하는 사례가 늘어나면서 사회적인 문제가 되고 있는 거죠."

딥페이크를 이용해 학교 친구, 동창 또는 지인이 SNS에 올린 사진을 다운받아서 성 착취물을 만들고, 이를 지인이나 SNS 대화방에 유포하는 범죄가 발생하고 있기 때문이다.

"이 사진도 토크그램에서 찾았다고 하셨는데, 제가 알기로는 이러한 범행이 주로 인스턴트 메신저 토크그램에서 일어나고 있다고 하더라고요. 그 이유가 뭔가요?"

이범이 묻자, 유정의가 대답했다.

"토크그램은 전화번호가 없어도 계정을 만들 수 있거든요. 개인 정보가 노출되지 않는다는 장점이 있는 거죠. 또 메시지가 서버를 거치지 않고 직접 기기 간에 전달이 되기 때문에 해킹의 위험을 줄일 수 있어요. 그러니까 이를 악용하면, 범

죄자들이 자신의 신원을 숨기고 소통할 수 있는 아주 좋은 환경이 되는 거죠."

유정의는 컴퓨터 박사다. 어렸을 때는 키즈 유튜버로 유명했고, 지금은 인플루언서로 이름을 날리고 있기 때문에 컴퓨터와 요즘 유행하는 인스턴트 메신저에 대해서 거의 모르는 게 없다.

양미수가 안타까운 표정으로 물었다.

"아린이도 사진을 봤나요? 충격 많이 받았죠?"

"네, 창피하다고 학교도 안 가고, 밖에도 안 나간다고, 엄청 울었어요. 결국 오늘 결석을 했고요."

아린 엄마가 속상해하며 대답하자, 고 변호사가 물었다.

"누가 올린 건지는 알아내셨나요?"

"아니요, 그런데 아린이한테 앙심을 품고 이 짓을 할 사람들이 누가 있겠어요. 뻔하죠."

이범이 물었다.

"가해 학생들이라고 생각하시는 건가요?"

아린 엄마가 확신에 찬 목소리로 대답했다.

"네, 그 아이들이 분명해요."

학폭위에서 처분을 받자, 그 보복으로 합성 사진을 만들어 유포하며 조롱하고 있는 것이라고 생각하는 것이다.

해킹은 개인 정보 유출부터 국가 기밀 누설까지 다양하게 일어나며 막대한 피해를 끼치고 있어.

해킹은 엄연한 불법 행위야. 5년 이하의 징역 또는 5,000만 원 이하의 벌금에 처할 수 있지.

「정보 통신망법」 제48조
(정보 통신망 침해 행위 등의 금지)
① 누구든지 정당한 접근 권한 없이 또는 허용된 접근 권한을 넘어 정보 통신망에 침입해서는 아니 된다.
② 누구든지 정당한 사유 없이 정보 통신 시스템, 데이터 또는 프로그램 등을 훼손·멸실·변경·위조하거나 그 운용을 방해할 수 있는 프로그램(이하 "악성 프로그램"이라 한다)을 전달 또는 유포해서는 아니 된다.

해킹 피해를 줄이려면, 백신 프로그램을 자주 사용하고, 비밀번호를 자주 바꾸는 등 주의를 기울여야 해.

다른 사람의 컴퓨터 시스템에 무단으로 침입하는 행위

이번에는 유정의가 물었다.

"이 사진은 어떻게 발견하셨는데요?"

"송서연이라고, 아린이랑 같은 반 아이가 있어요. 서연이가 토크그램에서 이것저것 구경하다가 이 사진을 발견했대요. 아린이라는 걸 알아보고 놀라서 엄마한테 보여 줬고, 서연 엄마가 저한테 알려 줬어요."

아린 엄마의 대답에 양미수가 물었다.

"범인은 아린이 사진을 어떻게 구한 거죠? 아린이가 SNS에 올려놓은 건가요?"

아린 엄마가 고개를 저었다.

"아니요, 아린이한테 이 사진을 어디에 올린 거냐고 물었더니, 자기도 처음 보는 사진이래요."

"처음 보는 사진이요? 그럼 범인이 직접 아린이를 찍었다는 말이에요?"

권리아가 이해할 수 없다는 표정으로 묻자, 아린 엄마가 대답했다.

"아니면 이 사진이 어디서 났겠어요. 그러니까 그 아이들이 분명해요. 아린이 몰래 사진을 찍어서 합성한 거라니까요."

그러자 이범이 물었다.

"그런데 누가 올렸는지 왜 못 찾으신 거죠?"

아린 엄마가 설명했다.

"찾으려고 토크그램에 들어갔더니, 사진이 감쪽같이 사라진 거예요. 아무리 찾아도 없더라고요."

유정의가 분개하며 말했다.

"사진을 공유한 방을 폭파하고 나간 거네요. 토크그램은 방을 폭파하고 나가면 흔적이 안 남거든요. 때문에 범죄를 저질러도 범인을 특정하기가 어려워요. 그래서 범죄자들이 토크그램을 이용한 사이버 범죄를 많이 저지르고 있는 거예요."

권리아가 의견을 냈다.

"경찰서 사이버 범죄 수사팀에 고소하면 범인을 찾아 주지 않을까요?"

고 변호사가 대답했다.

"쉽지는 않을 거예요. 토크그램이 메시지를 보낸 사람과 받는 사람 외에는 누구도 볼 수 없게 만든 메신저인 데다, 해외에 서버가 있어서 추적이 어렵고, 협조도 잘 안 되기로 유명하거든요."

아린 엄마가 억울한 표정으로 물었다.

"그럼 어떡해요? 이렇게 계속 당하고만 있어야 하는 거예요?"

고 변호사가 잠시 고심하더니 말했다.

"일단 경찰에 고소하는 걸로 하고, 저희도 방법을 찾아보겠습니다."

아린 엄마가 반색하며 인사했다.

"정말요? 감사합니다."

그렇게 해서 아이들은 아린이의 사건을 맡게 되었다. 아린 엄마는 딥페이크 사진을 고 변호사의 휴대 전화로 전송해 주고 돌아갔다.

고 변호사가 사진을 가리키며 말했다.

"이 사진, 증거물로 첨부해서 경찰에 고소부터 하세요."

"네, 알겠습니다."

이범이 대답하자, 권리아가 질문했다.

"딥페이크 사건은 성적인 사진을 합성한 경우가 많잖아요. 이렇게 동물 이미지에 합성한 경우도 처벌할 수 있을까요?"

아동을 대상으로 성적인 사진을 제작해 배포하면, 「아동·청소년성보호에관한법률」에 의해 무기 또는 5년 이상의 징역에 처해진다. 또 이를 이용해 협박한 자는 3년 이상의 유기 징역, 협박으로 그 아동·청소년의 권리 행사를 방해하거나 의무 없는 일을 하게 한 자는 5년 이상의 유기 징역에 처한다고 되어 있다.

이범이 설명했다.

아동·청소년성보호에 관한 법률

"당연히 처벌할 수 있어요. 최근 대법원에서 다른 사람의 얼굴을 동물 이미지에 합성하여 유포한 사건에 대해서 모욕죄와 명예 훼손죄를 인정한 판례가 있거든요. 딥페이크 단순 합성도 형사 처벌의 대상이 될 수 있음을 명확하게 밝힌 것이죠."

이범은 법률 조항뿐 아니라 판례까지, 법에 대해서는 모르는 게 없다. 하기야 어린이 변호사 양성 프로젝트에 1기로 합격해 로스쿨을 수석으로 졸업하고, 또 변호사 시험도 1등으로 합격한 인재이니, 말해 무엇 하겠는가.

이범이 설명을 이었다.

"이 사진의 경우는, 모욕죄 에 해당될 것 같은데요. 모욕죄는「형법」제311조에 의해 1년 이하의 징역이나 금고 또는 200만 원 이하의 벌금에 처해질 수 있습니다."

그러자 양미수가 의문을 제기했다.

"그런데 이 사진, 정말 그 친구들이 한 짓일까요? 아무리 그래도 같은 반 친구한테 이렇게까지 할 수 있을까 싶어서요."

권리아는 반대 의견을 말했다.

"하지만 다른 사람일 가능성은 더 없는 거 아닌가요? 아린이를 몰래 찍었다는 것은 범인이 아린이를 잘 알고 있다는 뜻이잖아요."

아동·청소년 성 보호에 관한 법률

우리나라는 아동과 청소년을 사회적 약자로 분류하고, 법으로 특별히 보호하고 있어.

특히 19세 미만의 아동·청소년에 대한 성범죄는 심각한 사회적 문제이므로,

「아동·청소년의 성 보호에 관한 법률」을 만들었지.

「아동·청소년의 성 보호에 관한 법률」 제1조(목적)

이 법은 … 아동·청소년을 성범죄로부터 보호하고 아동·청소년이 건강한 사회 구성원으로 성장할 수 있도록 함을 목적으로 한다.

줄여서 「청소년 성 보호법」이라고 하지.

이 법은 아동·청소년을 성범죄의 피해자나 가해자가 되지 않도록 모든 국민이 책임을 다해야 한다고 규정하고 있어.

제5조(사회의 책임)

모든 국민은 아동·청소년이 이 법에서 정한 범죄의 피해자가 되거나 이 법에서 정한 범죄를 저지르지 아니 하도록 사회 환경을 정비하고 아동·청소년을 보호·지원·교육하는 데에 최선을 다해야 한다.

성범죄로부터 보호하고, 건강하게 성장할 수 있도록
하는 것을 목적으로 한다.

모욕죄

또 모욕죄는 다른 사람을 모욕하는 의사를 공공연히 표시하여
사회적 평가를 해하는 범죄를 말하지.

「형법」제311조(모욕)
공연히 사람을 모욕한 자는 1년 이하의 징역이나
금고 또는 200만 원 이하의 벌금에
처한다.

그런데 친구가 SNS에서 나를 욕하고 조롱했어.
친구는 명예 훼손죄로 처벌받을까, 모욕죄로 처벌받을까?

공연히 사람을 모욕한 죄

고 변호사가 말했다.

"일단 고소부터 하고, 범인 잡을 방법을 고민해 봅시다. 내일 아침에 다시 회의할게요."

"네, 알겠습니다."

아이들이 동시에 대답했다.

과연 아이들은 증거를 찾아 범인을 잡을 수 있을까?

회의가 끝난 후, 아이들은 고소장을 작성했다. 그리고 이범과 유정의가 경찰서에 가서 사진 증거물과 함께 제출했다. 그런데 경찰이 이범과 유정의의 명함을 보더니, 아이들을 쳐다보며 피식 웃었다.

"변호사세요? 어린 분들이 변호사가 되셨네."

어리다고 무시하는 것 같아 아이들은 기분이 나빴다. 그런데 경찰이 고소장을 대강 훑어보고 나서는 성의 없는 말투로 말했다.

"이거 잡기 힘들어요."

어려울 거라고 예상은 했지만, 대뜸 잡기 힘들다는 말부터 하다니. 유정의가 기분이 상해 물었다.

"왜요?"

경찰이 한숨을 푹 쉬더니 대답했다.

"요즘 딥페이크 합성 사진 사건이 엄청 많거든요. 대부분 토크그램에서 유포된 사진들인데, 토크그램이 워낙 비협조적이에요. 또 협조한다고 해도 시간이 오래 걸려요. 그리고 솔직히 이 사진은 그냥 애들이 장난친 거잖아요. 성 착취물도 아니고요."

성 착취물처럼 심각해 보이지 않는데, 뭘 고소까지 하느냐는 말이다.

이범이 부드럽지만 단호한 목소리로 설명했다.

"이 사진의 피해자는 최근 학교 폭력을 당한 피해자입니다. 학교 폭력 위원회가 열렸고, 가해자들에게 처벌까지 내려졌는데, 이 사건이 또 터진 거예요. 그로 인해 피해자는 큰 충격을 받은 상태입니다. 아이들의 장난으로 넘길 수 없는 사건이라는 말입니다."

그러자 경찰이 펄쩍 뛰며 말했다.

"누가 수사를 안 한대요? 수사해도 찾기가 쉽지 않다는 말이죠. 여하튼 수사가 진행되는 대로 연락드릴게요."

이범이 깍듯하게 고개 숙여 인사했다.

"네, 그럼 잘 부탁드리겠습니다."

유정의는 굳은 얼굴로 고개만 까딱하고, 이범의 뒤를 따라 나왔다. 그리고 나오자마자 불만을 토로했다.

"범인을 찾을 의지가 전혀 없어 보이는데요."

하지만 이범은 담담한 표정으로 말했다.

"수사한다고 했으니 기다려 보자."

이범의 별명은 '범생이'다. 모범생이지만 융통성이 좀 없어서 붙은 별명이다. 그래서 그런지, 이범은 지금처럼 기분 나쁜 상황에서도 언제나 예의 바르게 행동한다. 유정의는 이범의 그런 성격이 때로는 답답하게 느껴지기도 하지만, 변호사로서는 좋은 자세라는 생각이 들었다.

여하튼 예상대로 경찰 수사는 크게 기대할 수 없게 되었다. 그러니 아이들이 나서서 증거를 찾고, 범인을 밝혀낼 수밖에 없는 형편이다. 그런데 경찰도 못 찾는 증거를 아이들이 어떻게 찾을 것인가.

다음 날 아침 회의가 시작되자, 고 변호사가 먼저 의견을 말했다.

"생각해 봤는데, 잠입 수사는 어떨까요?"

잠입 수사란 자신의 신분을 위장하거나, 몰래 숨어들어 정보를 얻는 수사를 말한다.

유정의가 고 변호사의 말뜻을 알아듣고 물었다.

"토크그램에 들어가 범인들을 유인해 보자는 말씀이세요?"

"네, 방을 폭파했지만, 다른 방을 또 만들어 그 사진을 올려놨을 수도 있지 않을까요? 그러니 그 방을 찾아서 잠입해 누구인지 알아내자는 거죠."

고 변호사의 의견에 권리아가 동의했다.

"제 생각에도 그 방법밖에 없을 것 같아요. 우선 토크그램에 들어가 사진부터 찾아봐야겠네요."

고 변호사가 말했다.

"사진을 찾으면, 그 방 주인한테 접근해 보는 걸로 하죠."

이어서 이범이 말했다.

"저는 합성한 사진을 살펴봤는데요. 배경이 흐릿해서 잘 안 보이는데, 교실이더라고요."

그러더니 사진을 크게 출력한 종이를 보이며 설명했다.

"양옆에 있는 것이 책상이고, 뒤쪽에 사물함도 있어요."

권리아가 사진을 확인하더니, 눈이 동그래지며 말했다.

"정말 그러네요! 배경을 유심히 안 봐서 몰랐어요."

아린이 얼굴에 동물을 합성한 모습이 워낙 강렬한 데다, 배경이 흐릿하고, 또 위쪽에 조롱하는 글을 써 놔서 잘 보이지 않은 것이다.

그러자 유정의가 사진을 보며 말했다.

"그럼 아린이 얼굴을 따서 동물 사진과 합성한 게 아니라, 아린이 사진에 동물 몸을 따서 합성한 거네요."

양미수가 말했다.

"그럼 정말 아린이를 괴롭힌 반 친구들이 범인인가 봐요."

교실에서 몰래 사진을 찍으려면 같은 반이라는 뜻이고, 그렇다면 그 아이들일 가능성이 크기 때문이다.

이범이 자신의 의견을 덧붙였다.

"그리고 또 한 가지 특이한 점은 아린이의 얼굴이 정면이 아닌 45도 정도의 각도로 찍혀 있다는 거예요. 아린이는 정면을 보고 있고, 누군가 아린이의 왼쪽 45도 정도의 위치에서 찍은 것으로 추정됩니다."

권리아가 이범의 말뜻을 이해하고 말했다.

"그럼 그 자리에 앉은 아이가 범인일 확률이 높네요."

그러자 이범이 방법을 설명했다.

"그래서 생각해 봤는데요. 교실에 가서 이 각도로 사진을 찍어 보는 건 어떨까요? 그럼 사진을 찍은 위치를 특정할 수 있지 않을까요?"

권리아가 반색했다.

"좋은 생각이에요. 아이들은 앉는 자리가 정해져 있으니까 그 자리에 앉은 아이를 찾으면 되겠네요. 만약 그 아이가 가해자 중 한 명이라면, 범인일 가능성이 더 높아지는 거고요."

유정의가 의문을 제기했다.

"교실에서 사진을 찍었다고, 꼭 같은 반 아이라고 할 수는 없지 않을까요? 다른 반 아이가 와서 찍었을 수도 있잖아요."

고 변호사가 잠시 생각하더니 말했다.

"일단 학교에 가서 시도해 보는 걸로 하죠. 할 수 있는 건 다 해 봐야 하는 상황이니까."

그렇게 회의를 마무리하고 고 변호사가 나가자, 이범이 의견을 말했다.

"사진은 아이들이 없을 때 찍어야 하니까, 학교는 이따 오후에 가는 걸로 하고, 토크그램에 접속해서 사진부터 찾아보자."

"네, 알겠습니다."

아이들은 대답하고 각자의 휴대 전화로 토크그램에 접속했다. 그리고 아린이의 딥페이크 합성 사진이 있는지 찾아보았다. 그런데 정말 완전히 지웠는지, 사진을 찾을 수가 없었다.

양미수가 실망한 표정으로 말했다.

"못 찾을 것 같은데요."

그런데 그때, 유정의가 소리쳤다.

"찾았어요!"

그러더니 휴대 전화의 화면을 보여 주었다.

"대화방 이름이 '웃기는 짤방'이에요."

아까 본 사진 중 첫 번째 사진, 즉 아린이를 돼지와 합성한 사진이 올려져 있었고, 대화방에 들어온 사람들끼리 '웃긴다', '완전 돼지네' 등등 조롱의 글을 올리고 있었다.

권리아가 기막혀하며 말했다.

"진짜 나쁜 아이들이다. 또 방을 만들어서 사진을 올리고 조롱하고 있었네."

"이제 어떻게 하지?"

양미수가 묻자, 유정의가 나섰다.

"내가 잠입할게."

그러더니 사진에 관심을 보이며 대화에 끼어들었다.

웃긴다. 솜씨 최고!
감사.

방 주인이 곧바로 메시지를 보냈다.

유정의는 방 주인의 의심을 없애기 위해 몇 번 더 친근한 대화를 주고받았다. 그러자 방 주인이 자랑하듯 새로운 사진을 올렸다. 그런데 아린이가 합성된 두 번째 사진이었다.

유정의가 슬쩍 묻자, 방 주인이 답했다.

아까 그애군.ㅋㅋ 친구?
친구는 무슨! 절대 아님.ㅋㅋ

그러자 대화방에 참여하고 있던 다른 아이가 말했다.

그냥 우리 반 찐따.ㅋㅋ

메시지를 보고 권리아가 소리쳤다.
"같은 반이라는 거네!"
합성 사진을 만들어 유포한 방 주인은 물론이고, 대화방에 참여하고 있는 사람 중에 아린이와 같은 반 아이들이 있다는 사실이 밝혀진 것이다.
이범이 다급하게 말했다.
"방 폭파하기 전에 캡처부터 하자."
유정의가 재빨리 주고받은 대화를 캡처했다. 같은 반 아이들의 소행임이 확실해졌으니, 이제 학교에 가서 사진을 찍어 보면 범인의 윤곽이 잡히지 않을까?

보이스 피싱 사건

아이들은 학교 수업이 끝나고 학생들이 집에 돌아간 시간에 맞춰 학교로 갔다. 그리고 담임 선생님께 상황을 설명하고, 교실에 가서 사진을 찍어 보겠다고 했다. 선생님이 마음 아파하며 말했다.

"아린이가 오늘 학교에 안 나와서 어머님께 전화드렸더니, 대강 말씀해 주셨어요. 그런데 어떻게 이런 사진을……."

그러더니 아이들을 둘러보며 조심스럽게 물었다.

"정말 우리 반 아이들이 범인인가요?"

이범이 대답했다.

"의심은 하고 있지만, 아직 확실한 건 아닙니다. 밝혀지는 대로 말씀드리겠습니다."

선생님이 속상한 표정으로 고개를 끄덕였다.

"네, 잘 알겠습니다."

선생님은 교실로 아이들을 안내했다. 권리아가 물었다.

"아린이 책상이 어딘가요?"

선생님이 가운뎃줄 네 번째 자리를 가리키며 말했다.

"여기예요. 저는 교무실에 있을 테니까 끝나면 말씀해 주세요."

"네, 감사합니다."

아이들이 인사했다. 선생님이 가자, 권리아가 말했다.

"내가 아린이처럼 앉아 있을게."

그러고는 아린이의 자리에 앉았다. 유정의가 휴대 전화의 카메라를 켜고 사진 찍을 준비를 했다. 이범과 양미수는 아린이가 합성된 딥페이크 사진의 배경을 확인하며 사진을 찍었을 것 같은 위치를 찾았다.

"여기서 찍어 보자."

이범의 말에 유정의가 사진을 찍어 보여 주었다. 양미수가 사진을 보더니 의견을 말했다.

"좀 더 뒤쪽에서 찍은 것 같은데."

그렇게 여러 번의 시도 끝에 드디어 비슷한 위치를 찾았다. 제일 오른쪽 줄 세 번째 자리였다.

"여기가 맞는 것 같지?"

이범의 말에 유정의가 휴대 전화를 든 손을 쭉 내밀었다.

"네, 손을 좀 내밀어 찍으면……."
그렇게 사진을 찍더니, 만족한 표정으로 말했다.
"맞아요, 똑같아요."
양미수와 이범, 권리아까지 몰려와 사진을 확인했다.
"똑같아."
권리아가 유정의의 말에 동의하자, 양미수가 말했다.
"그럼 이 자리에 앉은 아이가 찍은 사진인 거네. 누굴까?"
이범이 말했다.
"선생님께 여쭤 보면 알겠지."
아이들은 다시 교무실로 갔다. 선생님이 아이들에게 물었다.
"찾으셨어요?"
"네."
아이들이 대답하자, 선생님이 안타까운 표정으로 말했다.
"찾으셨군요."

선생님으로서 아린이가 친구들에게 사이버 폭력을 당한 것이 가장 마음 아프지만, 딥페이크 합성까지 하며 아린이를 괴롭힌 아이들 역시 자신이 가르치는 아이들이니 속상한 것이다.

이범이 조심스럽게 말했다.

"제일 오른쪽 줄 세 번째 자리에서 찍었더라고요."

그러자 선생님의 얼굴이 더 어두워졌다. 이범이 이어서 물었다.

"혹시 아린이에게 사이버 폭력을 가한 가해자 중 한 명인가요?"

선생님이 대답했다.

"네, 허인수 자리예요. 학폭위에서 학교 폭력을 주도한 걸로 밝혀진 아이입니다."

아린 엄마와 아이들이 의심한 대로 가해자들이 복수심에 아린이의 딥페이크 사진을 만들어 조롱하고 유포한 것임이 밝혀진 것이다.

선생님이 걱정스러운 표정으로 물었다.

"이제 어떻게 되는 건가요?"

유정의가 설명했다.

"경찰에 고소를 한 상태니까 경찰 조사를 받아야 할 거예요. 그리고 진짜 범인임이 밝혀지면, 소년 보호 재판에 넘겨질 확률이 높습니다."

선생님이 고개를 끄덕이더니 물었다.

"그렇군요. 경찰서에 가기 전에 제가 아이들과 부모님들을 만나 봐도 될까요?"

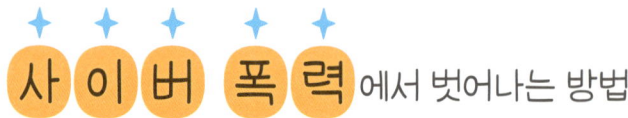

또 혼자 해결할 수 있는 문제가 아니니까 빨리 부모님이나 선생님께 알려야 해.

증거가 있어야 처벌할 수 있으니까 문자 내용이나 사진 등을 캡처해 저장해야 해.

117 학교 폭력 신고 센터나 경찰청의 사이버 범죄 신고 시스템에 신고하면 도움을 받을 수 있어.

범죄임을 인식하고 증거를 모아 신고한다.

이범이 선생님 말씀의 의도를 이해하고 말했다.

"네, 자백할 수 있도록 설득해 주시면 좋겠습니다."

"알겠습니다. 고생하셨습니다."

선생님이 인사하자, 아이들도 인사하고 교무실을 나왔다. 그리고 서둘러 사무실로 들어갔다. 고 변호사가 기다리고 있기 때문이었다. 회의실에 다시 모이자, 유정의가 보고했다.

"대화방에 잠입한 결과, 사진을 합성한 사람이 아린이와 같은 반 아이들이라는 것을 확인했습니다."

이범도 조사 결과를 전했다.

"사진은 가해자 중 한 명인 허인수가 찍은 것으로 추정됩니다."

고 변호사가 심각한 표정으로 말했다.

"아린 어머님께는 제가 알릴 테니까, 내일 고소인 조사 때 증거 사진 제출하세요."

"네, 알겠습니다."

아이들이 대답하자, 고 변호사는 자신의 방으로 가서 아린 엄마에게 전화했다. 아린 엄마가 화가 나 말했다.

"제가 그랬잖아요. 그 아이들이 분명하다고. 저는 그 아이들, 절대 용서하지 못해요."

그러더니 물었다.

"증거를 제출하면, 혐의가 인정되겠죠?"

고 변호사가 의견을 말했다.

"그건 확신할 수 없습니다. 저희가 모은 증거들이 범인을 유추할 수 있는 정도지, 범죄를 입증할 명확한 증거라고 보기에는 좀 무리가 있거든요. 경찰도 그 점을 지적할 테고, 잘못하면 증거 불충분으로 불송치 결정이 날 수도 있습니다."

"그럼 어떡해요?"

아린 엄마가 되묻자, 고 변호사가 설명했다.

"담임 선생님이 가해 아이들과 부모님들에게 우리가 의심하고 있다는 사실을 전할 테니, 만약 진짜 범인이라면 심적으로 큰 부담을 느낄 거예요. 그래서 내일 경찰에 학교 폭력 고소장도 접수할 겁니다. 딥페이크 범죄에 학교 폭력까지 고소당하면, 자백하지 않을까 생각합니다."

그리고 고 변호사의 예상은 그대로 들어맞았다. 선생님의 설득에도 끝까지 아니라고 부인했던 가해 아이들은 학교 폭력 건으로 고소당했다는 사실을 알게 되었다. 그러자 그제야 상황이 심각함을 깨닫고, 결국 부모들에게 자신들이 합성 사진을 만들고, 유포까지 했다고 털어놓은 것이다.

부모들은 그 사실을 알게 되자, 어떻게든 법적인 처벌을 피하기 위해 아린이네 집으로 몰려왔다.

일반법, 특별법

법은 적용되는 범위에 따라 일반법과 특별법으로 나눌 수 있어.

법 < 일반법 / 특별법

일반법은 장소, 사람, 사물에 제한 없이 일반적으로 적용되는 법이야.

「헌법」
국가의 통치 구조, 국민의 권리와 의무를 규율한 최상위 법

「민법」
개인 간의 법률 관계를 규율하는 법률

「형법」
범죄에 대한 형벌의 내용을 정한 법률

반면에 특별법은 특정한 장소, 사람, 사물에만 적용되는 법으로, 종류가 아주 많아.

「상법」
상인과 상인, 상인과 개인 간의 거래 행위를 규율하는 법률

「소년법」
반사회성이 있는 소년을 교정하는 것을 목적으로 특별한 지위를 수여한 법률

「아동·청소년 성 보호에 관한 법률」
아동·청소년 관련 성범죄의 규제와 예방을 위한 법률

법의 적용 범위에 따라 나뉜다.

"미안해, 아린아. 잘못했어."

"다신 너 왕따시키지 않을게. 용서해 줘."

아이들이 눈물을 뚝뚝 흘리며 아린이에게 잘못을 빌었다. 부모들도 말했다.

"아린아, 정말 미안해. 이제부터는 절대 그런 일 없을 거야."

그리고 아린 엄마에게도 사과했다.

"아린 엄마, 미안해요. 한번만 용서해 주세요."

"아이들이 아직 어려서 뭘 몰라서 그런 거예요. 그러니까 좀 봐주세요."

하지만 아린 엄마는 단호한 목소리로 말했다.

"아이들도 잘못을 했으면 벌을 받는다는 것을 알아야죠."

결국 아린 엄마는 합의해 주지 않았고, 아이들은 소년 보호 재판에 넘겨졌다.

그리고 소년 보호 재판에서 판사는 아이들에게 「정보 통신망법」상 사이버 폭력 혐의와 「형법」상 강요, 그리고 모욕 혐의를 인정했다.

"보호 소년들에게 이 결정을 고지받은 날부터 6개월 안에 보호 관찰소에서 40시간의 수강을 할 것을 명한다."

2호 처분, 수강 명령을 내린 것이다. 수강 명령은 보호 소년을 교정하기 위하여 일정한 강의나 교육을 받도록 명하는 것이다. 더 큰 벌을 받을 수도 있었지만, 그나마 2호 처분을 받은 것은 아이들이 늦게나마 자신들의 범죄를 자백했고, 또 부모들이 아이들을 잘 교육시킬 테니 선처해 달라고 부탁했기 때문이었다.

사건이 마무리되자, 아린 엄마가 아린이를 데리고 사무실에 찾아왔다. 아린 엄마가 인사했다.

"아린이가 이전에 다니던 학교로 다시 전학을 가게 됐어요. 저도, 아린이도 너무 지쳐서요. 그래서 이사 가기 전에 인사드리러 온 거예요."

양미수가 화들짝 놀라며 물었다.

"왜요? 이곳 학교에 다니기 힘들 것 같아서요?"

가해자를 벌하기는 했지만, 아린이가 가해자들과 함께 학교에 다니는 것에 부담을 느낄 것이 분명하기 때문이다. 아린 엄마가 대답했다.

"아린이가 그렇게 하고 싶다고 해서요. 그곳에는 친하게 지낸 친구들이 많거든요. 그곳이 그리운가 봐요."

학교 폭력이 발생하면, 가해자를 처벌하는 것만으로 끝나지 않는 경우가 많다. 피해자는 트라우마로 인해 적응에 어려움을 겪을 수 있고, 그것이 힘들어 다른 학교로 전학을 가거나, 심지어 학교를 그만두는 경우도 발생한다.

아이들은 안타까운 마음이 들었지만, 아린이가 더 편안하고 행복하게 학교생활을 할 수 있다면, 그곳이 더 좋을 거라는 생각이 들었다.

"앞으로는 좋은 일만 생길 거야."

권리아가 위로하자, 아린이가 수줍은 미소로 인사했다.

"네, 감사합니다."

고 변호사와 아이들은 아린이가 좋은 친구들과 함께 행복하게 학교생활을 할 수 있기를 기원했다.

아린이를 배웅하고, 권리아가 막 자기 방으로 돌아왔을 때였다. 휴대 전화가 울려 보니, 아빠였다. 권리아가 반기며 전화를 받았다.

"아빠!"

"오, 리아야! 바쁜 거 아니니? 전화 받기 괜찮아?"

아빠가 미안해하며 묻자, 권리아가 대답했다.

"네, 괜찮아요. 그런데 무슨 일이세요?"

혹시 안 좋은 일이라도 생긴 것일까 걱정되어 물었다. 권리아의 아빠 권형수는 남현 경찰서 강력팀 팀장이다. 강력 사건을 담당하다 보니, 아빠는 범인을 잡다 다쳐서 올 때가 종종 있었다. 그래서 아빠가 갑작스럽게 전화를 하면 권리아는 왠지 불길한 느낌이 들곤 한다.

"부탁할 일이 하나 있어서."

부탁할 일이라니. 아빠에게 처음 듣는 말에 권리아는 의아했다. 아빠가 말을 이었다.

"한 시간쯤 후에, 할아버지 한 분이 너희 변호사 사무실에 가실 거야. 손자가 보이스 피싱 현금 인출책으로 체포되어 지금 유치장에 구금되어 있거든."

유치장은 체포나 구속된 피의자나 경범죄자 등을 수감하는 경찰서의 시설을 말한다. 또 구금이란, 피고인 또는 피의자를 구치소나 교도소 따위에 가두어 신체의 자유를 구속하는 강제 처분이다.

아빠의 설명에 권리아가 되물었다.

"보이스 피싱이요?"

아빠가 대답했다.

"응, 손자가 고등학교 2학년밖에 안 됐더라고. 사연 잘 듣고 도와드렸으면 해서."

권리아가 물었다.

"네, 도와드릴 수는 있는데, 어떻게 아는 분이세요?"

보이스 피싱 사건은 보통 사이버 범죄 수사팀에서 맡는데, 강력팀인 아빠가 왜 전화를 했나 싶은 것이다.

아빠가 대답했다.

"할아버지가 아침부터 복도에서 계속 울고 계시는 거야. 손자는 그런 나쁜 짓을 저지를 아이가 아니라면서. 사연이 딱한 것 같아서 네 이름이랑 전화번호, 그리고 사무실 주소를 가르쳐 드린 거지. 아무래도 변호사 도움이 필요할 것 같아서."

권리아의 아빠와 엄마는 20년이 넘게 경찰로 일하며, 늘 국민에게 봉사하는 마음과 경찰로서의 명예를 중요하게 생각하는 분들이다. 그래서 범인을 잡는 데도 최선을 다하지만, 범죄에 연루된 사람이라도 억울한 사연이 있으면 모른 척하지 못하는 것이다.

권리아가 나쁜 사람을 잡고 좋은 사람을 돕겠다는 의지로 변호사가 된 것이나, 늘 열정을 불태우며 불의를 보면 참지 못하고, 또 불쌍한 사람은 그냥 지나치지 못하는 성격도 바로 부모님을 닮은 것이다.

권리아가 당연하다는 듯 말했다.

"알겠어요. 걱정 마세요, 제가 잘 도와드릴게요."

"그래, 고맙다."

아빠가 밝은 목소리로 인사하고 전화를 끊었다. 권리아는 고개를 갸우뚱하면서 생각했다.

'고등학교 2학년이 보이스 피싱 현금 인출책이라고?'

보이스 피싱은 사이버 범죄 중 하나로, 개인 정보(Private data)와 낚는다(Fishing)의 합성어인 피싱(Phishing)과 음성(Voice)을 합친 말이다. '음성(전화)을 이용해 개인 정보를 낚아 올린다.'는 뜻이다. 스마트폰과 같은 전기 통신 수단을 이용해 피해자를 기망 또는 협박하여, 개인 정보 및 금융 거래 정보를 요구하거나 피해자의 금전을 이체하도록 해서 재산상의 손해를 입히는 사기 범죄이다.

보이스 피싱 범죄는 2000년대 초반부터 급격하게 늘어나 요즘에도 사회적으로 큰 문제를 일으키고 있는 사이버 범죄다. 게다가 최근에는 젊은 사람들에게 적은 시간에 큰돈을 벌 수 있다고 유혹하거나 또는 보이스 피싱임을 숨기고 범죄에 가담하게 하는 경우가 종종 발생하고 있다. 아무리 그래도 그렇지, 아직 고등학교 2학년인 학생이 무슨 일로 현금 인출책으로 일하게 됐단 말인가.

권리아는 할아버지가 오시기 전에 이범과 의논해야겠다고 생각했다. 그런데 막상 이범의 방을 노크하려고 하니, 문득 양미수가 했던 말이 떠올랐다.

'사실 이범 선배가 너 좋아해.'

보이스 피싱

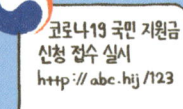
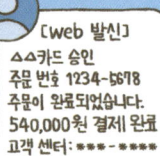

스마트폰 등을 이용해 피해자에게 재산상의 손해를 입히는 사기 범죄

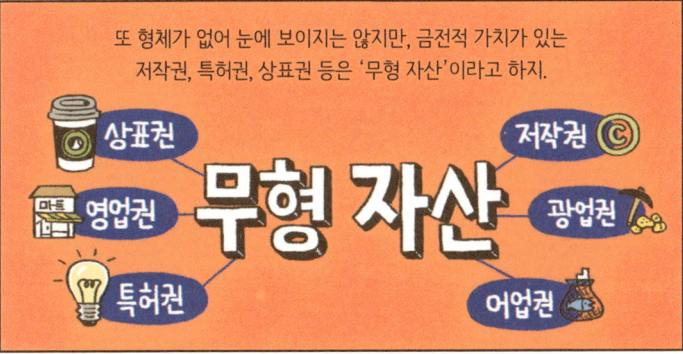

개인, 단체, 국가가 소유하는 금전적 가치가 있는 것

권리아는 그때부터 괜히 이범을 보기가 민망했다. 그래서 일을 할 때를 제외하고는 되도록 이범과 부딪칠 일을 만들지 않고 있었는데…….

권리아가 잠시 망설이고 있는데, 그때였다.

"거기서 뭐 해?"

돌아보니, 유정의였다. 지나가다 권리아가 이범의 방 앞에서 머뭇거리고 있는 것을 본 것이다.

권리아가 당황해 더듬거렸다.

"아니, 나는…… 그게……."

유정의가 의아한 눈초리로 다시 물었다.

"당황한 것 같은데……. 왜지?"

권리아가 화들짝 놀라며 부인했다.

"당황은 무슨. 사건 의뢰가 올 것 같아서 선배한테 얘기하려고 한 거야."

그런데 왜 얼굴이 빨개져 있는 것인가. 유정의는 최근 권리아가 권리아답지 않다고 생각하고 있었다. 권리아는 늘 자신감 넘치고 당당한 성격인데, 자신만 보면 당황하며 피하는 느낌이 들었기 때문이다.

'내가 뭘 잘못했나?'

유정의는 궁금한 마음이 들었지만, 모른 척 말을 돌렸다.

"사건? 무슨 사건?"

권리아가 이범의 방문을 노크하며 말했다.

"너도 들어와서 같이 들어."

그때, 방 안에서 이범이 대답했다.

"네, 들어오세요."

권리아는 문을 열고 들어가며 이범에게 말했다.

"선배, 사건 때문에 말씀드릴 게 있어서요."

유정의도 문 안으로 고개를 쏙 들이밀며 말했다.

"저도 왔어요."

"어, 그래. 들어와."

이범의 말에 권리아는 양미수도 전화해서 불렀다. 권리아가 아빠에게 부탁받은 내용을 전하자, 이범이 흔쾌히 대답했다.

"그래, 할아버지 오시면 같이 뵙자."

"요즘 보이스 피싱 범죄가 많이 발생하고, 피해 정도가 상당히 크기 때문에, 처벌 수위가 높아졌다고 하던데요."

양미수의 말에 이범이 설명했다.

"맞아, 보이스 피싱은 「형법」상 사기죄로, 「형법」제347조에는 '사람을 기망하여 재물의 교부를 받거나 재산상의 이익을 취득한 자는 10년 이하의 징역 또는 2,000만 원 이하의 벌금에 처한다.'고 되어 있지."

권리아가 물었다.

"그럼 현금 인출책은 어느 정도의 형량을 받게 될까요?"

이범이 대답하기 전에 유정의가 아는 척을 하며 물었다.

"현금 인출책은 직접 사기를 친 것은 아니니까, 사기죄가 아닌 사기 방조죄로 처벌을 받아야 하는 거 아닌가요? 그럼 정범이 아니라 종범이니까, 「형법」 제32조에 따라 정범보다는 형이 감경되잖아요."

「형법」 제32조에 '타인의 범죄를 방조한 자는 종범으로 처벌한다. 종범의 형은 정범의 형보다 감경한다.'고 되어 있기 때문이다.

이범이 대답했다.

"맞아, 그런데 사기 금액이 어느 정도냐, 초범이냐 재범이냐에 따라 형량이 달라지게 될 거야. 초범에 금액이 크지 않으면, 벌금형이나 집행 유예 정도로 끝날 수도 있지만, 초범이라도 금액이 크면 실형을 받을 수도 있겠지."

권리아가 걱정스러운 표정으로 물었다.

"고등학교 2학년이면, 아직 미성년자잖아요. 그런데도 실형이 나올까요?"

미성년자의 경우, 보통은 소년 보호 재판에 넘겨져 보호 처분을 받게 되기 때문이다.

이범이 설명했다.

"범죄 소년으로 분류되니까 보이스 피싱같이 중한 범죄에 대해서는 소년 보호 재판이 아닌 형사 재판을 받게 될 수도 있어. 그럼 실형이 나올 수도 있지."

만 19세 미만 미성년자가 범죄를 저지르면, 그 연령에 따라 재판과 형벌이 달라진다. 만 10세 미만은 '범법 소년'이라고 하며 보호 처분도 형사 처벌도 받지 않는다. 만 10세 이상 14세 미만은 '촉법소년'이라고 하며 소년 보호 재판을 받아 보호 처분을 받게 된다. 그리고 만 14세 이상 19세 미만은 '범죄 소년'으로 분류되는데, 보통은 소년 보호 재판에서 보호 처분을 받지만, 중범죄인 경우에는 형사 재판에 넘겨져 형사 처벌을 받을 수도 있다.

양미수가 안타까운 표정으로 말했다.

"무슨 사연인지 들어봐야겠지만 걱정되네요."

그런데 그 시간, 법무 법인 지음의 한대호 대표는 하 사무장과 함께 이야기를 나누고 있었다. 그러다 문득 사무실 밖 복도에서 서성거리고 있는 할아버지가 눈에 띄었다.

한 대표가 하 사무장에게 할아버지를 가리키며 물었다.

"저 분은…… 누구시죠?"

하 사무장이 보더니 고개를 갸웃했다.

방조죄

범죄 행위를 한 사람 중, 범죄를 실제로 주도한 사람을 '정범'이라고 하고, 정범의 범행을 도운 사람을 '종범'이라고 해.

종범은 '방조죄'로 처벌받을 수 있어. 즉 방조죄는 남의 범행을 도움으로써 성립하는 범죄야.

정범의 범죄 실행을 가능하게 하거나 쉽게 할 수 있도록 도와주는 행위, 정범의 범죄 결과를 강화시키는 행위 등을 말하지.

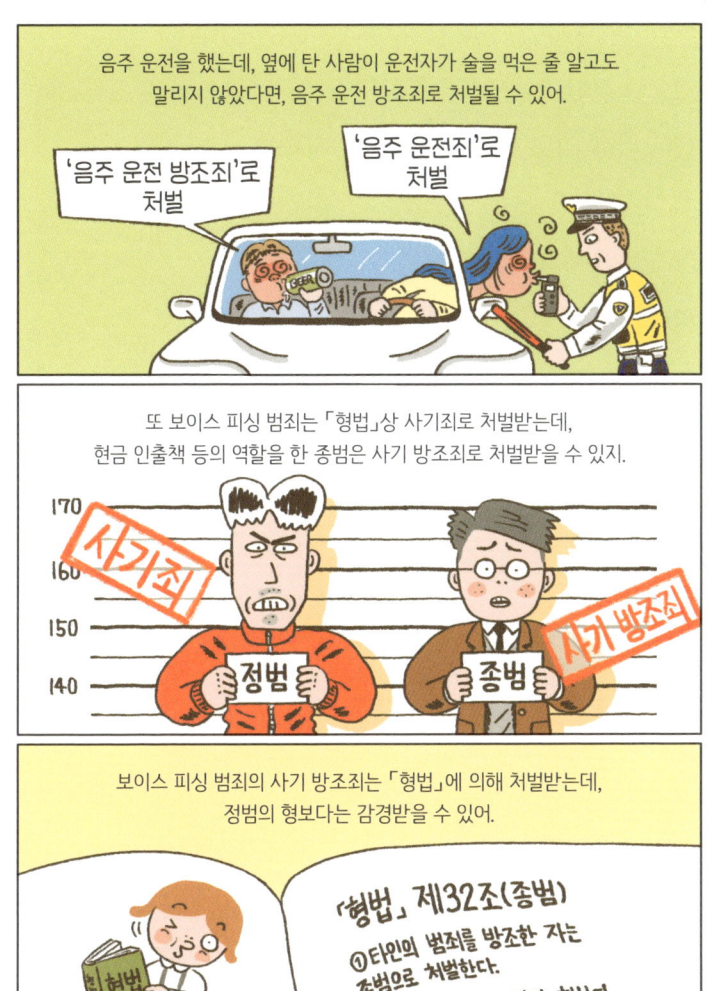

남의 범행을 도움으로써 성립하는 범죄

"잘 모르겠는데요."

한 대표가 나서며 말했다.

"나가 봐야겠는데요."

할아버지가 지팡이를 짚고 힘겹게 서서 사무실 안쪽을 두리번거리고 있었기 때문이다. 한 대표는 재빨리 문을 열고 나가서 친절한 목소리로 물었다.

"어르신, 어디 찾으세요?"

할아버지가 반기며 손에 든 쪽지를 내밀었다.

"여기, 이분을 좀 찾아왔는데요."

쪽지에는 권리아의 이름과 전화번호, 그리고 법무 법인 지음의 주소가 쓰여 있었다. 한 대표가 반기며 물었다.

"아! 권리아 변호사님, 찾아오셨어요?"

"맞아요, 권 변호사님! 그분 여기 계시나요?"

"네, 여기 변호사님이세요. 들어오세요."

한 대표가 친절하게 사무실로 안내했다. 할아버지가 따라 들어오는데, 다리가 많이 불편한 듯 절룩거렸다. 한 대표가 할아버지를 부축해 드리자, 하 사무장이 얼른 의자를 내어 드렸다.

"이쪽으로 앉으세요."

그리고 물 한 잔을 드리며 말했다.

"물 한 잔 드시고 계세요. 권 변호사님 불러 드릴게요."

할아버지가 물컵을 받으며 인사했다.

"아이고, 고맙습니다."

할아버지가 물을 마시는 사이, 하 사무장은 이범의 방으로 권리아를 부르러 갔다. 아까 권리아와 아이들이 이범의 방에 모이는 것을 봤기 때문이다.

그사이, 한 대표는 할아버지 옆에 있었는데, 할아버지가 걱정스러운 표정으로 물었다.

"그런데 변호사님한테 사건을 맡기면 비용이 많이 들겠죠?"

한 대표가 할아버지의 행색을 보니, 형편이 여의치 않아 보였다. 한 대표가 미소를 띠며 대답했다.

"꼭 그렇지는 않습니다. 그러니까 걱정하지 마시고, 권 변호사한테 다 말씀하세요. 잘 도와드릴 거예요."

잠시 후, 아이들은 고 변호사와 함께 회의실에 모였다. 권리아가 할아버지를 소개했다.

"손자분이 보이스 피싱 현금 인출책으로 체포됐답니다."

할아버지 손자의 이름은 최유진이며, 만 17세였다. 고 변호사가 안타까운 표정으로 위로했다.

"걱정이 많으시겠어요. 손자분이 아직 고등학교 2학년이라면서요. 어쩌다 그렇게 된 건가요?"

할아버지가 한숨을 푹 쉬더니 말했다.

"다 나 때문이에요. 괜히 내가 아파 가지고……."

아이들도 할아버지가 회의실로 들어오며 절룩거리는 것을 보았기 때문에 권리아가 물었다.

"다리가 많이 불편하신가 봐요."

"네, 관절염이 너무 심해서 수술해야 한답니다. 그래서 유진이가 수술비를 마련하려다가 그 일에 걸려든 거예요."

사연을 들어 보니, 최유진이 초등학생일 때, 부모가 사고로 사망했고, 이후 할아버지와 둘이 의지하고 살았다는 것이다. 할아버지는 손자를 키우기 위해 열심히 일을 했는데, 당뇨병이 심해져 합병증까지 앓게 되면서 일을 그만둘 수밖에 없었단다.

"그럼 지금은 어떻게 생활하고 계세요?"

양미수가 걱정스러운 표정으로 묻자, 할아버지가 대답했다.

"기초 생활 수급자라서 나라에서 나오는 돈으로 살고 있어요. 그래서 유진이가 고등학교 1학년 때부터 새벽에 신문 배달도 하고, 저녁에는 햄버거 가게에서 아르바이트도 했죠. 그러는 중에도 반에서 1등을 놓치지 않는 모범생이에요."

할아버지는 손자가 얼마나 착하고 똑똑한지, 또 어려운 환경에서도 대학을 졸업하고 대기업에 취직해 할아버지를 호강시켜 주겠다고 얼마나 열심히 공부했는지 설명했다.

할아버지의 이야기를 듣고 나자, 이범이 물었다.

"그렇다면, 보이스 피싱이 얼마나 나쁜 범죄인지 알았을 것 같은데, 왜 그런 범죄에 가담하게 된 거죠?"

고등학교 2학년에 똑똑하다면, 보이스 피싱 범죄에 대해 모를 리가 없기 때문이다.

보이스 피싱 범죄 예방법

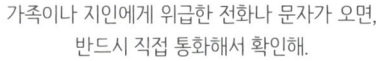

일단 의심하고, 확인하고, 아무거나 설치하거나 클릭하지 않는다.

할아버지가 기막힌 표정으로 대답했다.

"사기꾼한테 속은 거죠. 유진이는 거기가 그냥 무역 회사인 줄 알았대요."

"무역 회사요? 무역 회사에서 무슨 일을 했는데요?"

유정의가 의아한 표정으로 묻자, 할아버지가 대답했다.

"유진이가 컴퓨터를 잘하거든요. 그래서 컴퓨터로 하는 일도 도와주고, 또 무역을 하다 보면 거래 대금 같은 게 필요하잖아요. 그걸 은행에서 찾아오는 심부름을 한다고 했어요."

그렇다면 무역 회사는 보이스 피싱범이 위장을 위해 가짜로 차린 회사일 가능성이 크다. 그리고 아직 세상 물정을 잘 모르는 나이 어린 아르바이트생을 모집해서 현금 인출책으로 쓴 건 아닌가 하는 의심이 들었다.

할아버지가 억울한 듯 말을 이었다.

"그리고 그 일도 몇 번 하지 못했대요. 세 번째인가, 은행에 심부름으로 돈을 찾으러 갔다가 갑자기 경찰들이 들이닥쳐서 체포됐다고 하더라고요."

고 변호사가 물었다.

"그 회사 이름이나 사장 이름이 뭔지 알고 계세요?"

"대성 무역인가? 그러는 것 같던데, 정확한 건 모르겠어요."

할아버지는 더 이상 자세하게 알고 있지 못했다. 고 변호사

가 고개를 끄덕이며 말했다.

"알겠습니다. 저희가 경찰서에 가서 손자분을 만나 보겠습니다."

할아버지가 고개를 90도로 숙이며 인사했다.

"아이고, 감사합니다. 변호사님들만 믿겠습니다."

할아버지가 돌아가고 나자, 유정의가 의문을 제기했다.

"그런데 최유진이 정말 보이스 피싱이라는 것을 몰랐을까요?"

최유진의 나이로 보나, 똑똑함으로 보나, 그걸 몰랐을 리 없다고 생각하는 것이다.

권리아가 눈을 날카롭게 뜨며 물었다.

"그럼 최유진이 다 알고 가담했고, 이제 와서 모른 척 발뺌하고 있다는 거예요?"

유정의가 계속 주장했다.

"그럴 수도 있는 거 아닌가요? 돈이 급하게 필요하니까, 알면서도 그 일을 했을 수도 있죠."

권리아가 기막혀하며 말했다.

"말도 안 돼요. 어려운 환경에서도 대학에 가려고 열심히 공부하고, 또 틈틈이 아르바이트를 하면서 할아버지도 잘 돌보고 있는 착한 사람인데, 그런 나쁜 일에 가담했겠어요?"

무역

물건을 사러 가면, 외국에서 생산된 제품들이 많이 있어. 우리는 어떻게 그 제품들은 살 수 있을까?

바로 '무역'을 했기 때문이야. 무역은 나라 간의 물건이나 서비스를 사고파는 일을 말해.

우리나라가 다른 나라보다 잘 만드는 물건이나 남는 물건은 외국에 파는데, 이를 '수출'이라고 해.

나라 간의 물건이나 서비스를 사고파는 일

유정의가 지적했다.

"그건 너무 감성에 치우친 판단인 것 같은데요."

권리아도 맞받아쳤다.

"유 변호사님은 사람을 너무 나쁜 쪽으로만 생각하시는 거 아니에요?"

권리아와 유정의는 성격이 달라도 너무 달라, 사사건건 의견이 부딪치곤 한다. 그래서 고 변호사가 몇 번 눈치를 주고, 이범이 주의도 주고 해서 나아지는가 했더니, 왜 또 갑자기 불이 붙었는지.

양미수가 얼른 끼어들어 둘 사이를 말렸다.

"그건 최유진을 만나 보면 알 수 있지 않을까요? 우리끼리 다툴 일은 아닌 것 같은데요."

맞는 소리다. 양미수의 말에 권리아와 유정의는 입을 다물었다. 양미수는 권리아, 유정의와 친하기 때문에 둘이 다툴 때 중재하는 역할을 잘한다.

고 변호사가 명령했다.

"일단 이 변호사와 권 변호사가 경찰서에 가서 최유진을 만나 보고 상황 파악해 보세요."

"네, 알겠습니다."

이범과 권리아가 대답했다. 권리아가 다시 물었다.

"그런데 변호사님, 할아버지가 형편이 안 좋으신 것 같아서요. 사건을 수임해도 될까요?"

할아버지가 변호사 수임료를 내지 못할 것 같다는 생각이 든 것이다. 권리아의 말을 고 변호사가 알아듣고 말했다.

"제가 대표님과 의논해 볼게요."

"네, 감사합니다."

권리아가 꾸벅 인사했다. 이범과 권리아는 곧바로 최유진이 구금되어 있는 남현 경찰서로 향했다. 그리고 고 변호사는 한 대표의 방으로 가서 말을 꺼냈다.

"방금 할아버지 한 분이 오셨는데요……."

"저도 뵀어요. 그런데 무슨 사건인가요?"

한 대표가 묻자, 고 변호사가 대답했다.

"손자가 보이스 피싱 현금 인출책으로 일하다 현행범으로 체포됐답니다."

현행범이란, 범죄를 실행하고 있거나 실행하고 난 직후의 사람을 말한다.

"아, 보이스 피싱……."

한 대표가 표정이 심각해지며 고개를 끄덕였다. 보이스 피싱 사건에, 현행범으로 체포됐다면, 처벌받을 것이 거의 확실하기 때문이다.

장물 범죄에 의하여 불법으로 가진 타인 소유의 재물

범죄를 실행하고 있거나 실행하고 난 직후의 사람

고 변호사가 다시 말을 꺼냈다.

"그런데 할아버지가 형편이 좀 안 좋으신 것 같아서요."

한 대표가 흔쾌히 대답했다.

"그건 걱정 말고 진행하세요."

무료 변론을 해 주라는 말이다. 아까 할아버지가 변호사 수임료를 물어봤기 때문에 예상하고 있었던 것이다.

고 변호사가 그럴 줄 알았다는 표정으로 인사했다.

"네, 알겠습니다. 감사합니다."

한 대표는 오랜 시간 몸담고 있던 검찰을 떠나 변호사 사무실을 개업하면서 한 달에 30퍼센트는 수임료를 받지 않고 형편이 어려운 사람에게 무료 변론을 해 주기로 결심했다. 때로는 그게 너무 많아서 50퍼센트 이상이 될 때도 있는 것이 문제이기는 하지만 말이다. 그래서 한 대표가 이끄는 법무 법인 지음은 의뢰인도 많고, 승소도 많이 하기로 이름이 났음에도 불구하고 수익이 거의 나지 않는 형편이다.

그로 인해 하 사무장은 가끔 잔소리를 한다.

"대표님, 이러다 우리 문 닫을 수도 있어요."

그럴 때마다 한 대표는 우렁찬 목소리로 껄껄 웃는다.

"산 입에 거미줄 치겠어요? 하하."

'산 입에 거미줄 치랴.'는 속담은 거미가 사람의 입안에 거미줄을 치려면 사람이 아무것도 먹지 않아야 한다는 뜻이다. 즉 아무리 살림이 어려워 식량이 떨어져도 그럭저럭 먹고 살아가기 마련이라는 것을 비유적으로 이르는 말이다.

고 변호사가 한 대표의 방에서 나오자, 양미수와 유정의가 기다리고 있다 물었다.

"어떻게 됐어요?"

"그대로 진행하라고 하시네요."

고 변호사의 말에 양미수가 기뻐하며 말했다.

"그러실 줄 알았어요."

그러더니 곧바로 권리아에게 소식을 전했다. 그렇게 해서 아이들은 정식으로 보이스 피싱 사건을 맡게 되었다. 그나저나 최유진은 진짜 보이스 피싱인지 모르고 범죄에 가담하게 된 것일까? 아니면, 유정의의 주장대로 돈이 필요해 알면서도 가담한 것일까?

한편, 경찰서로 간 아이들은 최유진의 사건을 담당하고 있는 강혜지 형사를 찾아갔다. 이범과 권리아가 명함을 내밀며 인사하자, 강 형사가 반겼다.

"네가 리아구나! 어렸을 때 봤는데, 많이 컸네."

권리아가 어리둥절한 표정으로 다시 인사했다.

"아, 네…… 안녕하세요?"

권리아는 강 형사를 본 기억이 없기 때문이다. 강 형사가 설명했다.

"기억 안 나지? 너 여섯 살 때인가, 권 팀장님 밑에서 일한 적이 있거든. 그때, 팀장님 댁에 놀러 갔다가 봤는데."

권리아가 미안한 표정으로 사과했다.

"아, 네! 몰라봬서 죄송해요."

강 형사가 웃으며 손사래를 쳤다.

"당연히 몰라 보지. 그때가 언젠데."

그러더니 대견하다는 듯 말했다.

"권 팀장님께 얘기 들었어. 변호사가 됐다며. 어렸을 때부터 똑똑하더니, 정말 대단하다."

권리아가 겸손한 표정으로 손을 내저었다.

"아니에요."

권리아의 아빠인 권형수 팀장에게 이야기를 들었다면, 아이들이 온 이유도 알 것이다. 이범이 조심스럽게 물었다.

"피의자 조사는 끝난 건가요?"

피의자는 범죄의 혐의가 있어서 정식으로 입건되었지만, 아직 공소 제기가 되지 않은 사람을 부르는 말이다.

"기본적인 조사는 다 끝났습니다. 그런데 피의자가 보이스 피싱인 줄 몰랐다며 혐의를 부인하고 있어서요. 보강 수사를 하고 있습니다."

강 형사의 대답에 이범이 다시 물었다.

"현행범으로 체포됐다고 하던데, 어떻게 된 일인지 말씀해 주실 수 있나요?"

"보이스 피싱을 당한 피해자가 신고를 한 상태였고요. 학생이 은행에서 현금 자동 입출금기로 큰돈을 찾으니까 경비원이 수상히 여겨 신고를 했습니다. 그리고 은행 직원이 시간을 끄는 사이에 출동해서 체포한 거죠."

이범이 고개를 끄덕이자, 권리아가 물었다.

"피의자를 좀 만나 볼 수 있을까요?"

"그럼요."

강 형사가 대답하더니, 아이들을 조사실로 안내했다.

"여기서 기다리세요."

그리고 잠시 후, 최유진이 양손에 수갑 을 차고 겁먹은 표정으로 들어왔다. 그런데 이범과 권리아를 보더니 최유진의 눈이 동그래졌다. 강 형사로부터 변호사가 왔다는 말을 듣고 왔는데, 어린아이들이 앉아 있었기 때문이다.

수 갑

수갑

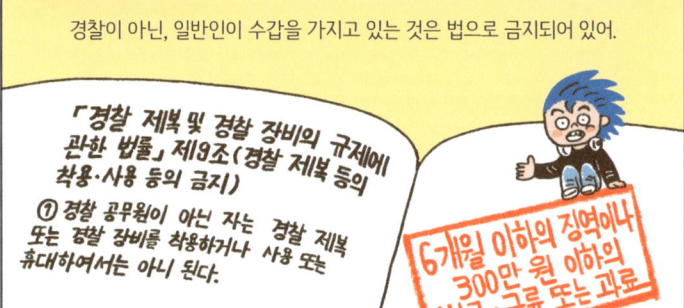

죄수, 피고인, 용의자의 행동을 제한하기 위해 손목에 채우는 기구

이범이 명함을 내밀며 인사했다.

"법무 법인 지음의 변호사 이범입니다."

권리아도 명함을 주었다.

"수습 변호사 권리아입니다."

최유진이 명함과 아이들을 번갈아 보며 놀랍고 신기한 표정으로 말했다.

"멋지네요. 어린 분들이 벌써 변호사라니!"

권리아가 미소를 지으며 의자를 가리켰다.

"앉으세요."

최유진이 자리에 앉자, 권리아가 말했다.

"할아버지가 걱정이 많으셔요."

그러자 최유진의 표정이 급격히 어두워졌다.

"네……."

왜 안 그러겠는가. 매일 할아버지 걱정만 하는 착한 손자라는데, 이유야 어떻든 범죄를 저질러 경찰서에 갇힌 모습을 보여 드렸으니, 죄송하고 또 속상한 마음일 것이다.

이범이 친절하지만 단호한 목소리로 물었다.

"혐의를 부인하고 있다고 들었습니다. 정말 보이스 피싱 현금 인출책인지 몰랐나요?"

최유진이 억울한 표정으로 대답했다.

"네, 정말 몰랐어요. 저는 그냥 무역 회사인 줄 알고 심부름만 한 거예요."

"그 회사에서는 어떻게 일을 하게 된 거죠?"

권리아가 묻자, 최유진이 설명했다.

"아르바이트 구직 사이트에서 보니까, 무역 회사에서 사무 보조원을 뽑더라고요. 그런데 하루에 아무 때나 3시간 정도 일하면 되고, 월급도 꽤 괜찮은 거예요. 제가 컴퓨터 활용 능력 2급 자격증이 있는데, 주로 하는 일도 컴퓨터 업무고요. 그래서 면접을 보러 갔어요."

회사의 이름은 '대성 무역'이었다. 좀 외진 지역, 오래된 건물 3층에 있기는 했지만, 간판도 대성 무역이라고 붙어 있었고, 사무실도 멀쩡했단다. 또 벽면에 사업자 등록증도 떡하니 걸려 있었다는 것이다. 그리고 사장의 이름은 박대성이라고 했다.

권리아가 다시 물었다.

"무역 회사라면, 뭘 파는 회사라고 하던가요?"

"중고 자전거 부품을 떼다가 베트남이나 몽골 같은 나라에 판다고 했어요. 그래서 그런지 사무실에 중고 자전거 부품 상자들이 많이 있었어요."

이범이 의아한 표정으로 물었다.

"컴퓨터 업무라고 했는데, 왜 은행 심부름을 하게 된 거죠?"

최유진이 대답했다.

"면접을 보러 갔더니, 사장님이 고등학생이 공부를 해야지, 왜 일을 하냐고 물었어요. 그래서 할아버지 병원비가 필요해서 그렇다고 했더니, 사장님이 착하다면서 그럼 돈을 좀 더 줄 테니까 은행 심부름도 하라는 거예요. 원래 경리 직원이 하는 일인데 며칠 전에 그만뒀다면서, 직원을 다시 뽑을 때까지만 하라고. 그래서 알겠다고 한 거죠."

이범이 물었다.

"뭐라고 하면서 은행 심부름을 시켰나요?"

"부품 대주는 업체에 대금을 줘야 하니까 찾아오라고요."

최유진의 대답에 이범이 날카로운 눈빛으로 물었다.

"업체에 지불하는 대금이라면, 보통 은행 이체를 하잖아요. 그런데 현금으로 지불한다는 게 이상하지 않았나요?"

최유진이 설명했다.

"사장님이 거래하는 업체들이 다 영세한 업체들이라 세금을 떼지 않으려고 현금으로 달라고 해서 그렇게 하는 거라고 했어요. 그래서 그런가 보다 한 거죠. 그 분야는 제가 잘 모르니까요."

사업을 할 때는 부가 가치세 등의 세금을 내야 한다. 그

래서 세금을 내지 않기 위해 현금 거래를 하는 사업자들이 종종 있다. 물론 그러한 행위는 불법이다.

이번에는 권리아가 물었다.

"그럼 은행에서 돈을 몇 번, 얼마나 찾았나요?"

"세 번 찾았는데, 처음엔 800만 원, 두 번째는 1,000만 원, 그리고 마지막은 1,200만 원이었어요."

최유진의 말에 이범이 다시 물었다.

"합치면 3,000만 원이네요. 돈을 찾으면서 이상하다는 생각은 안 들었나요?"

"통장이 매번 다르더라고요. 사장님 이름도 아니고요. 그건 좀 이상하다는 생각이 들긴 했어요."

최유진이 대답하자, 이범이 말했다.

"대포 통장일 거예요."

대포 통장이란, 통장을 사용하는 당사자가 아닌 다른 사람의 명의로 개설한 예금 통장을 말한다. 통장 거래 시 신분을 감추기 위해, 주로 범죄 행위에 쓰이는 경우가 많다.

이범이 물었다.

"그동안 박대성에게서 대가로 받은 돈은 얼마나 되나요?"

"심부름하고 올 때마다 수고했다고 할아버지랑 고기 사 먹으라고 10만 원씩 줬어요."

세금을 걷는 이유는 국가를 유지하고 국민 생활을
발전시키려면 돈이 필요하기 때문이야.

국토 방위   사회 기반 시설 마련   교육

또 세금은 많이 가진 사람들이 자신의 부를 사회에 환원하게 해서
가난한 사람들에게 사용함으로써 부를 재분배하는 역할을 하기도 해.

주택 지원 / 재난 지원금 / 무료 급식 / 노인 복지

그러니까 세금은 꼭 내야 해. 세금을 내지 않아 체납되면 지연 이자가 붙고,
그래도 계속 내지 않으면 체납자의 재산을 압류할 수 있어.

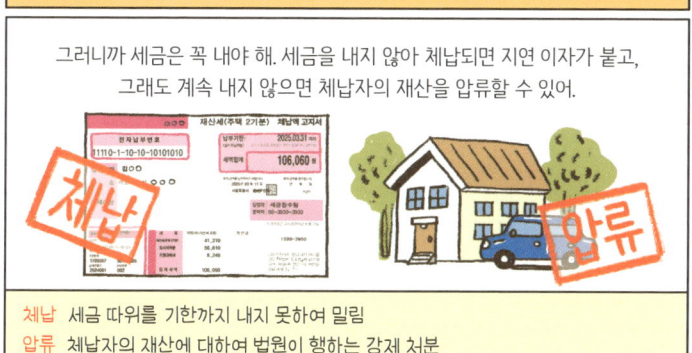

체납 세금 따위를 기한까지 내지 못하여 밀림
압류 체납자의 재산에 대하여 법원이 행하는 강제 처분

국가나 지방 자치 단체가 강제로 거두어들이는 돈

최유진이 대답하자, 권리아가 확인했다.

"그럼 두 번이니까 20만 원을 받은 건가요?"

"네, 월급은 받으려면 아직 멀었고요."

최유진이 대답하더니, 억울해하며 말했다.

"저는 정말 몰랐어요. 사장님이 워낙 친절하고 잘해 주셔서 좋은 분을 만났다는 생각만 했죠. 그런데 보이스 피싱이라니! 진짜 억울해요."

권리아는 최유진의 말이 진실이라는 생각이 들었다. 그래서 위로의 말을 건넸다.

"너무 걱정하지 마세요. 진실이라면 반드시 밝혀질 거예요."

그러나 최유진은 괴로운 표정으로 말했다.

"아니에요. 강 형사님 말씀으로는 사장님이 잡히지 않으면, 제 무죄를 증명하기 쉽지 않을 거래요. 또 잡았다고 해도 사장님이 저는 모르고 한 일이라고 인정하지 않으면 혐의를 벗을 수 없대요."

"맞아요, 그래서 혐의를 벗을 수 있는 증거를 찾아야 합니다. 혹시 박대성과 전화 통화한 내용을 녹음한 거라든지, 주고받은 메시지 같은 게 있나요?"

이범이 묻자, 최유진이 대답했다.

"녹음한 건 없고 메시지는 있는데, 별 내용은 없어요. 그냥 사장님이 돈 찾았냐고 하면, 찾았다고, 지금 회사 들어가고 있다고 대답한 정도예요. 그리고 휴대 전화는 형사님께 증거물로 제출했어요."

이범이 의견을 말했다.

"그렇다면 지금으로서는 강 형사님 말씀대로 주범인 박대성을 잡는 게 가장 좋은 방법입니다."

최유진이 실망한 표정으로 말했다.

"그래서 형사님께 사장님 전화번호랑 회사 위치를 다 가르쳐 드렸거든요. 그런데 전화는 없는 번호라고 나오고, 회사도 문을 닫았다는 거예요."

"유진 님이 잡히니까 바로 도망간 거겠죠."

권리아의 말에 이범이 물었다.

"박대성에 대해 더 아는 거 없습니까? 컴퓨터 작업을 할 때 본 거라든지, 박대성의 집 주소나 자동차 번호 같은 거, 아니면 회사에 찾아온 주변 인물이라든지."

최유진이 골똘히 생각하더니, 고개를 저었다.

"없어요."

그렇다면 최유진의 주장을 어떻게 증명할 것인가. 참 난감한 일이다.

숨은 범인을 찾아라!

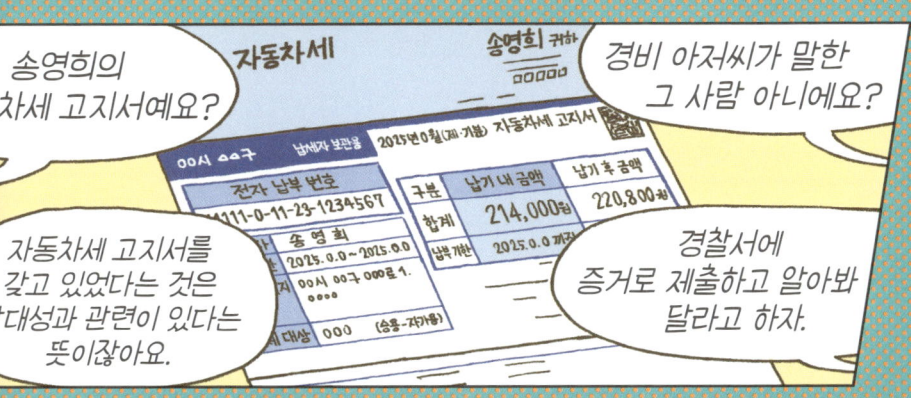

- 송영희의 차세 고지서예요?
- 경비 아저씨가 말한 그 사람 아니에요?
- 자동차세 고지서를 갖고 있었다는 것은 대성과 관련이 있다는 뜻이잖아요.
- 경찰서에 증거로 제출하고 알아봐 달라고 하자.

 이범과 권리아가 사무실로 돌아와 최유진과 나눈 이야기를 전했다. 그러자 고 변호사가 말했다.
 "박대성을 잡아야 일이 해결되겠군요."
 양미수가 걱정스러운 표정으로 물었다.
 "만약 모르고 가담했다는 것을 증명하지 못하면, 최유진은 어느 정도의 처벌을 받게 될까요?"
 고 변호사가 물었다.
 "보이스 피싱 피해액이 얼마나 되죠?"
 "인출한 현금은 3,000만 원 정도 됩니다."
 이범이 대답하자, 고 변호사가 잠시 생각하더니 말했다.
 "형사 처벌을 받게 되면, 징역 6개월에 집행 유예 1년 정도 나올 수 있겠네요."
 "내일 대성 무역이 있었다는 곳에 가서 증거가 될 만한 것을 찾아보는 게 어떨까요?"

권리아의 의견에 고 변호사가 동의했다.

"그래야죠. 경비하시는 분도 만나 보고, 사무실에 남겨진 증거가 있는지도 찾아봅시다."

다음 날 아침, 아이들은 고 변호사와 함께 대성 무역이 있었다는 건물로 갔다. 먼저 경비실을 찾아가 박대성과 대성 무역에 대해 물었다. 경비 아저씨가 대답했다.

"들어온 지 한 달 좀 넘어서 난 잘 몰라요. 그냥   간판이 붙어 있으니까 그런가 보다 했죠."

"자주 오가는 사람은 없었나요?"

이범의 질문에 아저씨는 잠시 생각하더니 말했다.

"여자랑 들어왔다 나가는 걸 두세 번 정도 본 것 같아요."

"여자요?"

고 변호사가 되묻자, 아저씨가 대답했다.

"네, 20대 후반에서 30대 초반 정도로 보였어요."

이범이 물었다.

"혹시 경리로 일했다는 사람 아닌가요?"

박대성이 최유진에게 경리가 있었는데 그만둬서 구하고 있다고 말했다는 것이 기억났기 때문이다. 아저씨가 고개를 갸웃하며 말했다.

보호 무역

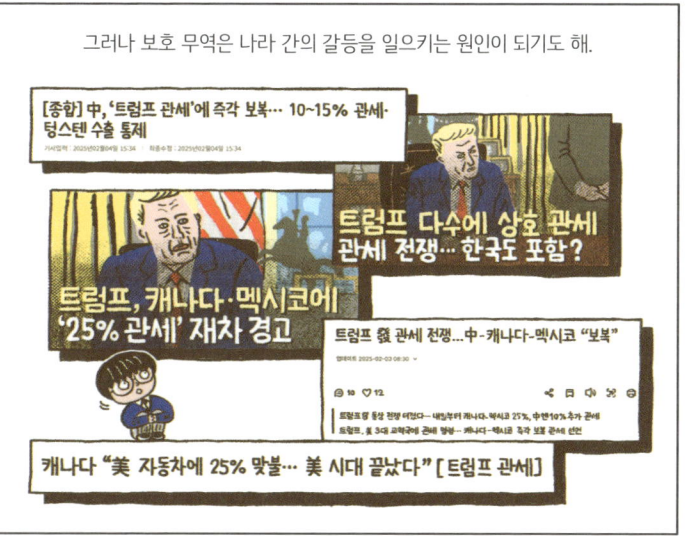

자국의 산업을 보호하기 위해 국제 무역에 정부가 개입하는 것

"그것까지는 모르겠어요."

고 변호사가 다시 물었다.

"그럼 사무실을 빌려준 주인분의 성함과 전화번호를 알 수 있을까요?"

아저씨가 난감한 표정으로 말했다.

"그건 좀……. 요즘 개인 정보는 함부로 알려 주면 안 된다고 해서요. 그런데 거기 주인이 지방에 살아서 가게 월세 놓는 것은 요 앞 행운 공인 중개사 사무소에서 알아서 하는 것 같더라고요."

고 변호사가 반기며 말했다.

"그래요? 감사합니다."

그러더니 아이들에게 말했다.

"나는 중개사 사무소에 가 볼 테니까, 박대성의 사무실에 가 보세요."

"네, 알겠습니다."

아이들이 대답하자, 고 변호사는 먼저 나갔다. 유정의가 경비 아저씨에게 물었다.

"건물 CCTV가 어디, 어디에 있나요?"

아저씨가 대답했다.

"주차장에도 있고, 건물 현관에도 있고, 또 층마다 하나씩

있죠. 그런데 CCTV 영상은 경찰에서 다 가져갔어요."

"그렇군요."

유정의가 실망한 표정으로 말했다. 경찰이 가져갔는데도 아무 말이 없었다는 것은 쓸 만한 증거를 찾지 못했다는 뜻이니까 말이다.

아이들은 박대성이 사용했다는 3층 사무실로 갔다. 그런데 빈 책상들과 의자들만 남아 있을 뿐, 텅 비어 있었다.

"싹 다 치웠네요."

권리아가 말하는데, 그때, 유정의의 눈에 책상 다리 밑에 삐죽 나와 있는 종이 조각이 보였다.

"어, 이게 뭐지?"

아이들의 관심이 유정의에게 쏠렸다. 이범이 가서 책상을 들어 주자, 유정의가 종이를 꺼내 펼쳐 보더니 말했다.

"자동차세 고지서인데요."

자동차세는 자동차를 소유한 개인이나 법인에게 물리는 세금이다. 이범이 물었다.

"납세자가 누구야? 박대성이야?"

납세자는 세금의 부과 및 징수에 관한 법률에 따라 국가나 지방 자치 단체에 세금을 낼 의무가 있는 개인 또는 법인을 말한다.

어린이도 세금을 낼까?

헌법에 모든 국민은 세금을 내야 하는 의무가 있다고 되어 있어. 그럼 어린이도 세금을 낼까?

「헌법」제38조
모든 국민은 법률이 정하는 바에 의하여 납세의 의무를 진다.

돈이 없는데, 흑흑.

세금은 크게 직접세와 간접세로 나눌 수 있어.

세금
직접세 간접세

직접세는 세금을 부담해야 하는 사람이 직접 내는 세금을 말하고,

직접세

소득세
개인이 벌어들인 소득에 부과되는 세금

법인세
법인의 소득에 부과되는 세금

재산세
일정한 재산에 대해 매겨지는 세금

자동차세
자동차를 소유한 개인이나 법인에 부과되는 세금

물건을 살 때 부가 가치세를 내고 있다.

비둘기 먹이 주기 금지법

비둘기는 공원뿐 아니라, 길가에서도 흔히 볼 수 있는 동물이야.

그런데 비둘기 개체수가 급격히 늘어나면서, 배설물이나 털이 많이 발생하고 식중독을 퍼뜨리는 등의 문제가 자주 발생하고 있어.

그래서 환경부는 2009년, 집비둘기를 유해 야생 동물로 지정했지.

유해 야생 동물

유해 야생 동물 사람에게 생명이나 재산상의 피해를 주는 동물 또 2023년에는 유해 야생 동물에게 먹이 주는 것을 금지할 수 있도록 법률을 개정하고, 이를 어기면 최대 100만 원의 과태료를 부과할 수 있게 했어.

「야생 생물 보호 및 관리에 관한 법률」(약칭 「야생 생물법」)
제23조의 3 (유해 야생 동물의 관리)
② 지방 자치 단체의 장은 조례로 정하는 바에 따라 장소 또는 시기를 정하여 유해 야생 동물에게 먹이를 주는 행위를 금지하거나 제한할 수 있다.

이에 따라 서울은 2025년 3월부터 한강 공원이나 문화 유산 보호 구역 등에서 비둘기, 까치 등 유해 야생 동물에게 먹이를 주다가 적발되면 과태료를 내야 해.

하지만 이를 두고 생명을 경시하는 법이라고 반발하는 의견도 많아서 사회적으로 더 논의가 필요해.

「야생 생물법」의 개정으로 먹이를 주면 과태료를 낼 수 있다.

"아니요, 송영희요."

유정의가 대답하며, 이범에게 고지서를 내밀었다. 양미수가 눈을 반짝이며 말했다.

"경비 아저씨가 말한 그 사람 아니에요? 박대성이랑 같이 있었다는 여자요."

권리아도 반기며 말했다.

"그 사람이든 아니든, 박대성이 자동차세 고지서를 갖고 있었다는 것은 박대성과 관련이 있다는 뜻이잖아요."

이범이 고개를 끄덕이며 말했다.

"그렇지. 이름이랑 주소, 생년월일, 그리고 차량 번호도 있으니까, 경찰서에 증거로 제출하고 알아봐 달라고 하자."

그때, 고 변호사가 들어오며 물었다.

"뭐 좀 찾았나요?"

이범이 고지서를 내밀며 말했다.

"자동차세 고지서예요."

그런데 고 변호사가 고지서를 보더니, 깜짝 놀라며 눈이 동그래졌다.

"송영희! 사무실을 계약한 사람도 바로 송영희예요!"

고 변호사가 중개사 사무소에 가서 사무실을 계약한 사람을 알아본 결과, 이름이 송영희였다는 것이다. 게다가 중개사 사무소에 계약서가 보관되어 있어서 송영희의 주소와 전화번호, 주민 등록 번호까지 알 수 있었는데, 자동차세 고지서에 써진 내용과 같았다.

아이들은 역시 고 변호사라는 생각이 들었다. 늘 아이들이 생각하지 못하는 새로운 방법을 찾아내니 말이다. 여하튼 두 사람이 동일한 사람이라면, 송영희는 박대성과 관련이 있는 사람이 분명하다.

유정의가 확신에 찬 목소리로 말했다.

"송영희도 보이스 피싱범 중 한 명이 분명해요."

그렇다면 송영희를 잡으면, 박대성도 잡을 수 있지 않을까? 이범과 권리아는 곧바로 경찰서로 가서 강 형사에게 증거 자료를 보여 주며 요청했다.

"송영희도 보이스 피싱범 중 한 명인 것 같습니다. 주거지를 확인하고 참고인 조사부터 하시면 어떨까요?"

강 형사가 놀랍다는 듯 말했다.

"우리도 사무실을 샅샅이 뒤졌는데도 못 찾았는데, 대단하시네요."

권리아가 빙긋 웃으며 말했다.

"책상 다리 밑에 깔려 있더라고요."

강 형사가 고개를 끄덕이며 말했다.

주민 등록 번호로 성별을 알 수 있다?

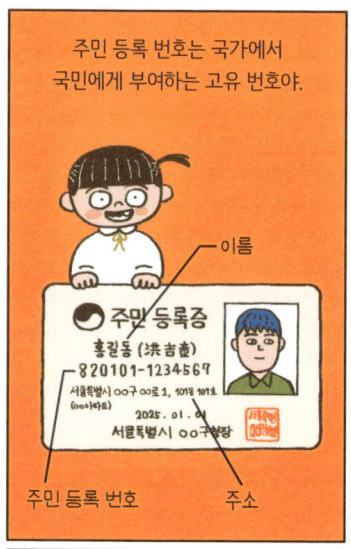

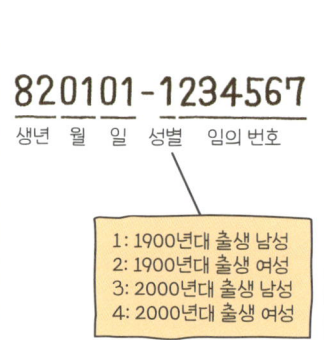

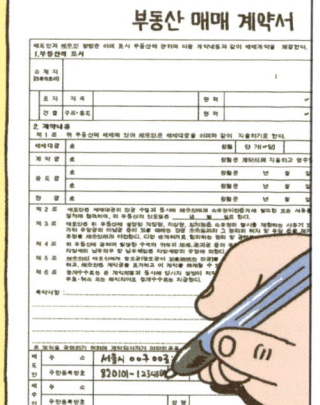

주민 등록 번호는 중요한 개인 정보이므로 도용되지 않게 조심해야 하고,

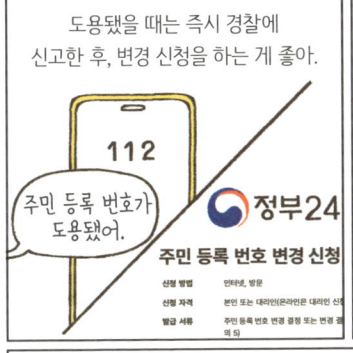

도용됐을 때는 즉시 경찰에 신고한 후, 변경 신청을 하는 게 좋아.

또 주민 등록증을 잃어버렸을 때는 분실 신고를 하고, 재발급을 받아야 해.

다른 사람의 주민 등록 번호를 도용하면, 「주민 등록법」과 「정보 통신망법」 등을 위반한 혐의로 처벌받아.

적용 법령	위반 내용	처벌 내용
「주민 등록법」 제37조	타인의 주민 등록 번호를 부정 사용	3년 이하 징역 또는 3,000만 원 이하 벌금
「정보 통신망법」 제49조	개인 정보 무단 수집 및 이용	5년 이하 징역 또는 5,000만 원 이하 벌금
「형법」(사기죄 등)	도용한 정보를 이용해 재산상 이익을 취한 경우	사기죄 등으로 처벌 가능

뒤의 첫 번째 숫자가 성별을 나타낸다.

"좋습니다. 송영희 신원 확인하고, 신병 확보하겠습니다."

신병이란, 보호나 구금의 대상이 되는 사람의 몸을 말한다. 한마디로 송영희를 찾아보겠다는 말이다.

이범이 물었다.

"건물 CCTV를 확보하셨다고 하던데, 별거 없었나요?"

"박대성이 오가는 장면이 찍혀 있기는 한데, 다 모자를 푹 눌러쓰고 있더라고요. 신분이 노출되지 않으려고 그런 거겠죠. 또 CCTV의 화질이 안 좋아서 얼굴을 구분하기가 쉽지 않아요."

강 형사의 말에 권리아가 물었다.

"경비 아저씨 말씀으로는 박대성이 여자와 함께 왔다 갔다 했다던데, 송영희가 아닐까요? 혹시 CCTV에서 보셨나요?"

강 형사가 대답했다.

"네, 그런데 여자도 꽁꽁 싸매고 있더라고요. 여하튼 그 사진으로라도 수배를 할까 생각 중이었습니다."

그러자 이범이 강 형사의 의중을 물었다.

"그런데 최유진 씨가 체포된 지 24시간이 지났잖아요. 구속 영장 신청은 어떻게 하실 생각입니까?"

「형사 소송법」 제200조의 2, 제5항과 제213조의 2에 의하여, 현행범으로 체포한 피의자는 48시간 이내에 구속 영장을 신청해야 한다. 그리고 구속 영장을 청구하지 아니 한 때에는 피의자를 즉시 석방해야 한다고 규정되어 있다.

"고민하고 있습니다."

강 형사의 대답에 이범과 권리아가 인사했다.

"네, 그럼 잘 부탁드리겠습니다."

그리고 최유진을 만나 소식을 전했다.

"그럼 저 풀려날 수 있는 거예요?"

최유진의 물음에 이범은 신중한 표정으로 대답했다.

"그건 아직 말씀드리기 어렵습니다."

송영희와 박대성을 체포해 그들이 최유진의 무죄를 증언해 줘야 하는데, 당장 못 잡을 수도 있기 때문이다. 그렇게 되면, 강 형사가 유진이가 혐의가 있다고 판단해 구속 영장을 신청할 수 있는데, 그러면 풀려날 수 없다.

이범과 권리아가 사무실에 돌아와 상황을 전하자, 고 변호사가 의견을 말했다.

"송영희와 박대성을 체포하지 못해도 최유진은 일단 석방해 주고, 불구속 상태에서 수사가 진행될 것 같네요."

"정말요?"

권리아가 반기며 묻자, 고 변호사가 설명했다.

"최유진이 자신의 혐의를 완강하게 부인하고 있고, 지금까지의 수사 결과로는 최유진이 보이스 피싱 현금 인출책인지, 아니면 모르고 그 일에 가담하게 되었는지 명확하게 밝혀지지 않은 상태잖아요. 그리고 무엇보다 최유진이 미성년자니까 그 점을 고려할 수밖에 없을 거예요."

이범이 덧붙여 설명했다.

"또 최유진이 수사에 적극 협조하고 있고, 우리가 박대성을 검거할 만한 증거를 찾아 제출했으니, 경찰도 막무가내로 구속 영장을 청구하지는 않을 겁니다."

한마디로 지금으로서는 경찰도 구속 영장을 청구할 만한 충분한 이유가 있다고 판단할 수 없는 상황인 것이다. 이범은 아까 최유진이 물었을 때도 그렇게 생각하고 있었지만, 결론이 나오지 않은 상태라서 말하기 어렵다고 대답한 것이었다.

그런데 그날 저녁, 강 형사가 이범에게 전화해 알렸다.

"송영희의 전화번호는 대포 폰이고요. 주소지에서도 이사한 지 한 달이 넘었답니다. 일단 차 번호로 수배해 놨으니까 기다려 보죠. 그리고 최유진은 8시쯤 석방될 겁니다."

"정말이요? 감사합니다."

이범이 반가워하며 인사했다. 고 변호사와 이범의 예상이 딱 맞은 것이다.

　최유진이 석방되는 시간에 맞춰 이범과 권리아는 경찰서로 갔다. 강 형사가 최유진을 풀어 주며 말했다.
　"아직 혐의가 없다고 밝혀진 건 아니야. 알지?"
　"잘 알고 있습니다. 감사합니다, 형사님."
　최유진이 인사하자, 이범이 강 형사에게 물었다.
　"송영희나 박대성의 흔적은 못 찾으신 거죠?"
　강 형사가 대답했다.
　"네, 자동차를 계속 추적하고 있고요. 송영희의 주민 등록 번호로 소지하고 있는 카드를 찾아서 그것도 추적하고 있으니, 곧 잡힐 거예요."
　"네, 잘 부탁드립니다."
　이범과 권리아, 그리고 최유진이 강 형사에게 인사했다. 셋이 사이버 수사팀에서 나오자, 할아버지가 복도에서 기다리고 있었다.
　"아이고, 유진아!"
　할아버지가 최유진을 얼싸안고 눈물을 흘렸다. 최유진도 울음을 터뜨렸다.

"할아버지! 흑흑."

할아버지가 최유진의 등을 토닥이며 말했다.

"고생했다, 고생했어."

할아버지와 최유진이 아이들에게 인사했다.

"감사합니다. 정말 감사합니다."

그리고 이틀 뒤, 강 형사가 아침 일찍 이범에게 전화해 기쁜 소식을 전했다.

"어젯밤에 박대성이랑 송영희를 체포했습니다."

"정말이요? 어디서요?"

"대전이요. 다행히 송영희가 카드를 썼더라고요. 그래서 사용처를 확인해 보니, 대전 평안동이었어요. 근처 CCTV로 자동차 번호를 추적해 은신처를 알아내서 체포했습니다."

강 형사의 설명을 듣고, 이범이 인사했다.

"고생 많으셨네요. 바로 경찰서로 가겠습니다."

이범이 고 변호사와 아이들에게 소식을 전하자, 고 변호사가 말했다.

"박대성이 최유진이 모르고 가담한 거라고 진술해 줘야 할 텐데, 그게 걱정이네요. 가능하면 박대성을 직접 만나 보세요."

"네, 알겠습니다."

이범과 권리아가 대답하고 경찰서로 갔다. 둘을 보더니, 강 형사가 말했다.

"박대성이 입을 안 여네요. 최유진에 대해 물어도 한마디도 안 해요."

"저희가 만나 봐도 될까요?"

이범이 부탁하자, 강 형사는 잠시 생각하더니 허락했다.

"그러세요."

잠시 후, 이범과 권리아는 조사실에서 박대성을 마주했다. 이범이 명함을 주며 인사했다.

"최유진 씨의 변호사입니다."

박대성이 명함을 보더니, 비아냥거리며 말했다.

"형편이 안 좋다더니, 변호사도 썼네요."

"저희는 무료로 변론하고 있습니다."

권리아의 말에 박대성이 입을 삐죽하며 말했다.

"아, 네. 그런데 지금 나한테 유진이 편들어 달라는 말은 아니죠?"

권리아가 부탁했다.

"편들어 달라는 게 아니라, 그냥 사실대로만 말씀해 주시면 됩니다. 최유진 씨는 자신이 보이스 피싱 현금 인출책인 것을 알고 있었나요? 아니면, 모르고 그 일을 한 건가요?"

박대성이 건들거리며 대답했다.

"모르죠. 똑똑한 녀석이니 알고 있었을 수도 있고, 순진한 녀석이니 몰랐을 수도 있고."

이범이 박대성의 말뜻을 놓치지 않고 다그쳤다.

"그럼 최유진 씨에게 현금 인출책 일을 하라는 말은 하지 않았다는 말씀이네요?"

날카로운 이범의 지적에 박대성이 불쑥 화를 냈다.

"아, 난 몰라요. 그 녀석이 어리바리해서 붙잡히더니, 이것저것 다 불어서 내가 지금 이 꼴이 됐는데, 그 녀석 좋은 일을 하란 말이에요?"

최유진이 박대성의 이름이며 사무실 등을 다 말해서 결국 박대성이 체포된 것이니, 최유진이 풀려나는 걸 도와주기 싫다는 말이다.

권리아가 다시 사정했다.

"최유진 씨는 아직 고등학교 2학년, 미성년자이고요. 아픈 할아버지와 어렵게 사는 학생입니다. 이 일도 할아버지 수술비를 마련하려고 한 거고요. 아시잖아요. 그러니까 진실만 말씀해 주세요."

박대성은 한참을 생각하더니, 결국 사실을 털어놓았다.

"그 녀석은 몰랐어요. 그냥 돈 심부름하는 걸로 알았지."

드디어 최유진의 무죄를 밝혀낼 진술을 확보한 것이다. 아이들이 할아버지와 최유진의 어려운 사정에 공감하고, 최유진의 무죄를 밝혀내기 위해 끈질기게 노력한 결과이다. 그리고 강 형사는 박대성의 진술을 근거로, 최유진을 불송치하는 결정을 내렸다.

"감사합니다, 형사님."

권리아가 기뻐하며 인사하자, 강 형사가 말했다.

"내가 더 감사하지. 범인을 잡게 해 준 일등 공신인데."

일등 공신이란, 특정의 일을 마치거나 목적을 이루는 데 결정적인 공훈을 세운 사람을 비유적으로 이르는 말이다.

이범도 감사의 인사를 했다.

"고생 많으셨어요. 감사합니다."

그렇게 최유진의 보이스 피싱 사건은 무혐의로 마무리되었다. 얼마 뒤, 할아버지와 최유진이 음료수와 빵을 잔뜩 사 가지고  사무실에 왔다.

할아버지가 고마워하며 말했다.

"이 은혜를 어떻게 갚아야 할지 모르겠습니다."

고 변호사가 최유진을 보며 말했다.

"유진이가 할아버지께 효도하면 그게 갚는 겁니다. 알지?"

"네, 잘 알고 있습니다. 감사합니다."

세계 최초의 AI 변호사 로스

2016년, 미국의 대형 로펌에 인공 지능(AI) 변호사 '로스(ROSS)'가 채용됐어.

로스는 인간 변호사 50명과 함께 파산 관련 업무를 맡아서 판례를 수집하고 분석하는 일을 하게 되었지.

파산 재산을 모두 잃고 망하는 상태

로스는 인간 변호사와 소통하며, 초당 10억 장의 법률 문서를 분석해서 질문에 맞는 답변을 만든다고 해.

로스, 이 사건에 대해 어떻게 생각해?

그 사건은 ….

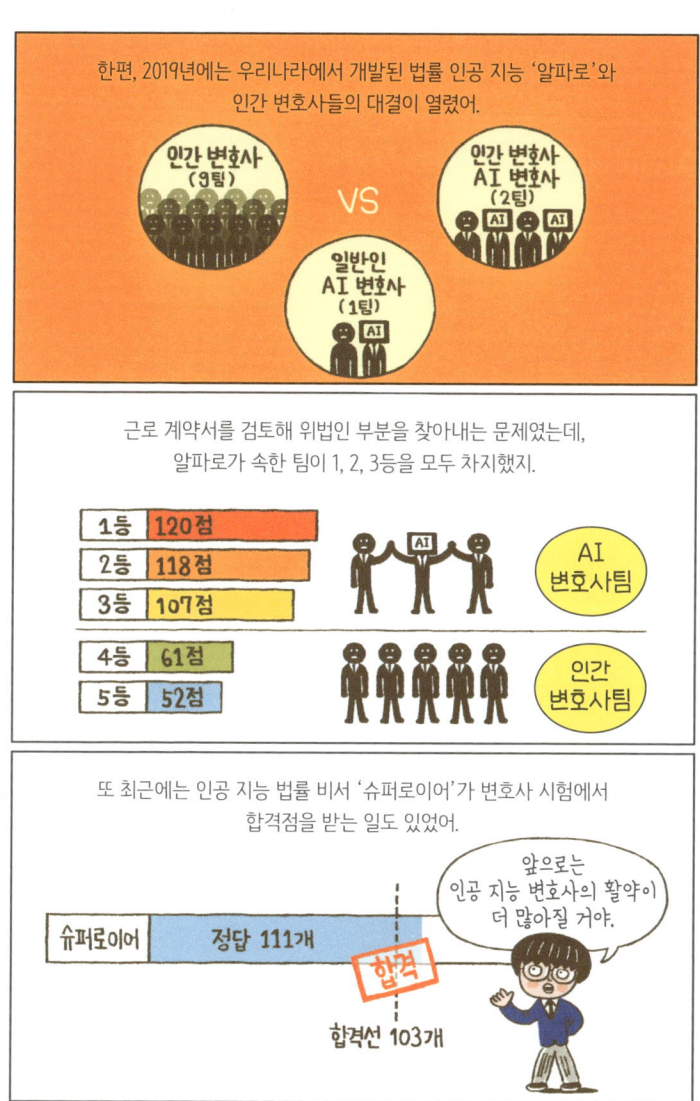

미국 로펌에 채용돼 파산 관련 업무를 맡아 일했다.

최유진이 인사하자, 하 사무장이 말을 꺼냈다.

"제가 좀 알아봤는데요. 연세 많으신 분이 관절염 수술을 받을 때, 비용 부담을 줄여 주는 제도가 있더라고요. 기초 생활 수급자이시니까 그 대상이 될 거예요."

할아버지가 깜짝 놀라며 물었다.

"아이고, 그런 제도가 다 있어요?"

하 사무장이 이어서 설명했다.

"네, 그러니까 진단서나 소견서를 준비해서 행정 복지 센터나 보건소에 신청하시면 됩니다."

"알겠습니다. 감사합니다, 정말 감사합니다."

할아버지가 기뻐하며 인사했다. 최유진도 감사의 인사를 했다. 그나저나 그걸 또 언제 알아봤는지, 역시 하 사무장은 마음 씀씀이가 참 섬세하고 따뜻하다.

그렇게 일이 잘 마무리되고 퇴근 시간이 되었다. 그런데 유정의가 먼저 일어나며 말했다.

"저는 약속이 있어서 먼저 갈게요."

"약속? 누구랑?"

양미수가 궁금한 표정으로 묻자, 유정의가 아이들의 눈치를 보며 얼버무렸다.

"그냥…… 친구."

말하기를 꺼리는 분위기였다. 그러더니 쏜살같이 나가 버리는 것이 아닌가. 양미수가 의아한 표정으로 말했다.

"누군데 그래?"

"그러니까."

권리아도 고개를 갸우뚱하며 말했다. 권리아와 양미수, 그리고 유정의는 매일 같이 붙어 다니는 사이라 유정의가 친한 사람을 거의 다 알고 있기 때문이다.

권리아가 일어나며 말했다.

"우리도 퇴근하자."

양미수도 일어나며 이범에게 물었다.

"선배도 가실 거죠?"

"아니, 난 좀 정리할 게 있어서. 먼저 가."

이범의 대답에 권리아와 양미수가 인사했다.

"그럼 먼저 가겠습니다."

둘은 가방을 챙겨 사무실을 나왔다. 그런데 막 큰길로 나왔을 때였다. 양미수가 앞쪽을 가리키며 말했다.

"어, 정의다!"

유정의가 카페로 들어가고 있었다.

권리아가 말했다.

"저기서 만나기로 했나 보네."

그러자 양미수가 장난스러운 표정으로 물었다.

"누구를 만나나 볼까?"

비밀스럽게 만나는 친구가 누군지 궁금했기 때문이다. 권리아도 씩 웃으며 동의했다.

"그럴까?"

둘은 재빨리 카페 앞으로 갔다. 그리고 나무 뒤에 숨어 카페 안에 있는 유정의를 찾았다. 양미수가 발견하고 가리켰다.

"저기 있다!"

그런데 다음 순간, 양미수와 권리아는 깜짝 놀랐다. 권리아가 어리둥절한 표정으로 말했다.

"선……배?"

유정의 앞에 앉아 있는 사람이 최도아였기 때문이다. 양미수도 의아한 표정으로 말했다.

"최 선배를 왜 만나는 거지?"

순간, 권리아는 지난번 최도아가 사무실에 왔을 때 유정의가 했던 말이 떠올랐다.

'최 선배는 똑똑하지, 예쁘지, 집안 좋지! 이 선배가 싫다고 할 이유가 하나도 없잖아.'

권리아의 얼굴이 급격히 어두워졌다. 도대체 유정의와 최도아는 왜 만난 것일까?